JN071278

京都市発！
子どもの学びを広げる
事務職員の挑戦

学校事務改革からはじまる
カリキュラム・マネジメント

有澤重誠・増田真由美・水口真弓［編著］
小槇博美・川井勝博［著］

学事出版

刊行に寄せて

京都市教育長　稲田　新吾

明治維新による東京奠都で、人口が激減するという町の衰退の危機を迎えるなか、京都の町衆は「まちづくりは人づくりから」と子どもがいるいないにかかわらず、竈のある家はすべてお金（「竈金（かまどきん）」）を出し合い、地域の子どもたちが学ぶことができる64校の「番組小学校」を１８６９（明治２）年に創設しました。国が１８７２（明治５）年に学制を発布し全国に小学校が開設され始める3年前のことです。こうした歴史と伝統が脈々と引き継がれ、京都市は現在も市民ぐるみ・地域ぐるみの教育を進めています。

さて、今日の学校では、未来を生きる子どもたちに必要となる思考力、判断力、表現力等の育成のため、主体的・協働的な学びを中心に、多様な人々との協働のもとで学校教育を進めることが求められています。また、机上の学びだけではなく、様々な体験活動を通して、広い視野を持ち豊かな感性を働かせながら、自分らしい生き方を探究し持続可能でよりよい社会を創造する子どもを育むことが必要です。こうした教育の実現に向け、本市は、「世界文化自由都市」として、伝統文化教育や環境教育、食育、住育、自然体験活動等で、市民力、地域力、文化力を生かした様々な創意工夫ある取組を推進してきました。

また、それらの取組は、管理職や教員だけでなく学校を構成する様々な職種のメンバーが、それぞれの専門性を生かしチームとして教育にかかわることで、より充実したものへと発展させることができます。その一端を担うのが、学校唯一の行政職員である事務職員です。

本市では、学校事務職員で構成される京都市立学校事務研究会が１９６９（昭和44）年８月に本市で開催された第１回全国公立小中学校事務研究大会でスローガンに掲げて以降「より良き学校教育は、より良き学校事務から」を旗印に、全国初の学校事務の指導主事の設置や研修体系の確立、学校の運営予算の学校権限の拡大と財務制度改革、さらには教育委員会内に学校事務を総括する「学校事務支援室」を創設するなど、長年にわたり教育委員会と学校事務研究会が協働し、全国に先駆けた学校事務改革を進めてきました。また近年では、学校事務の標準化を推進する取組や、学校事務職員の教育委員会事務局各課への人事交流など、学校事務のさらなる効率化や事務職員の資質向上・人材育成を図り、学校事務から学校教育を変えていく取組を積極的に推進しています。そして、これらのことが、市民ぐるみ、地域ぐるみで進める本市の教育改革が展開できる基盤となっています。

本書では、学校現場での事務職員の実践や様々な事務改革等について、取組にいたる背景や、どのように考えて行動・実践し進めてきたのかを、当時携わった職員の体験談等も交えながら紹介しています。今後も、学校事務を基盤にしながら、多様な子どもを誰一人取り残さない持続可能で豊かな学びの実現に向け、市民ぐるみ・地域ぐるみで「一人一人の子どもを徹底的に大切にする」教育の歩みをさらに確かなものにしてまいります。

本書の構成

本書は、京都市の事務職員の実践事例と、それを支える事務研究会や教育委員会の連携・協働のもとでなされた学校事務改革についてまとめたものです。

第1章は、財務マネジメントを中心に、事務職員が教職員や地域と連携・協働しながら学校の教育活動の充実を目指して取り組んだ2つの事例を紹介します。続く第2章から第5章は、実践が生み出された背景として、京都市の学校事務や学校財務がどのように発展してきたのか、当時携わった職員や現在携わっている職員の視点から、経緯や取組などをまとめています。具体的な各章の内容は次の通りです。京都市立学校事務研究会のあゆみと学校事務職員にかかる研修制度等（第2章）、学校財務制度改革の経緯（第3章）、「学校事務支援室」設置に至る経緯（第4章）、「学校事務に係る学校間連携」の実践と研修体系等の充実・発展（第5章）。そして最後の第6章では、こうした取組を踏まえて、２０２０年度以降、学校事務の標準化をはじめ重点的に進めている取組や、京都市の学校事務が目指すべき方向性について述べています。

また、各章間のコラムでは、京都市の事務職員が財務制度等を実際にどのように活用しているか、イラスト等を交えてわかりやすく示しました。

本書が、全国各地で日々奮闘されている事務職員の、また事務職員を支えている教育委員会職員や管理職等の皆さんの取組の参考になれば幸いです。

２０２3年7月　編者記す

目次

第1章

子どもの学びを広げる学校事務職員の挑戦

京都市立上賀茂小学校　学校運営主査
増田　真由美

第1章では、財務マネジメントを中心に、事務職員が教職員や地域と連携・協働しながら学校の教育活動の充実を目指して取り組んだ実践事例を紹介します。

学事出版株式会社主催の第20回教育文化賞優秀賞を受賞した小学校伝統文化体験事業にかかわる取組をはじめ、第49回全国公立小中学校事務研究大会（京都大会）で報告した学校図書館リニューアルの取組の詳細について記します。子どもの学びを広げる学校事務へのかかわり方の例として、どの学校でも応用可能なマネジメントモデルとなれば幸いです。

実践例1 第20回教育文化賞優秀賞「子どもの学びを広げる事業マネジメントモデルの構築」

「小学校伝統文化（茶道）体験事業」実施における実践（2021年度～）

背景

京都市では、文化庁が2023年に京都へ移転することが決定したことを契機に、すべての児童生徒が在学中に茶道や華道を体験する機会を持ち、「ほんもの」の伝統文化を体験することを通して伝統文化のよさや作法、心配り等を学び、豊かな心や創造性の涵養を図るとともに、生活文化としての定着とその振興・継承を図り担い手を育むことを目的とした「伝統文化体験事業」が2019年度から実施されています。この事業は、京都市の目指す子ども像「伝統と文化を受け継ぎ、次代と自らの未来を創造する子ども」の実現に向けた京都市教育の大きな柱として位置づけられ、実施にかかる費用はすべて公費負担となります。小学校では茶道、中学校では華道をすべての児童生徒が体験できるよう設定されています。

小学校における本事業の実施内容は、茶道体験を中心に、各教科等での体験活動や道徳科を関連させた総合単元的な学習として実施することとされ、実施学年や時期、既存の取組との関連付けは各校の実情に応じて設定します。体験活動及び道徳科の授業で理解を深めた学習内容について、カリキュラム・マネジメントの視点から、各校の実情に応じて教科・領域等横断的に学びを深められるよう取り組むこととされています。各校は、取り組む学年や時期、体験活動の実施方法や、講師謝礼の有無、必要となる物品（道具類、抹茶、菓子等）などの実施計画及び予算計画を教育委員会担当課に提出し、その計画に基づき各校へ経費の配分がなされます。

学校唯一の行政職としてできること

伝統文化体験事業にかかわらずこうした新たな取組の実施においては、学校ではまず教育的視点からのアプローチを主眼に置いて内容の検討が進められるため、主に担当学年の教員や教務主任、教頭が計画の作成やマネジメントを担っていることが多く、事務職員が計画段階からかかわることは少ないのが現状です。一方、事業の実施には必ず人・もの・予算といった資源（リソース）が必要となりますが、物品や予算に関する計画については必ずしも得意でない教員が多いのが現状であるため、計画作成に苦労していると聞くことがあります。

学校の中で、主にリソースを扱う仕事をしているのは、事務職員です。そこで、リソースの調達や開発、マネジメント等を担うリソースマネジャーとして、事務職員が事業の計画段階からかかわり、協働して運営していくことで、教員や教頭の事務負担を軽減するとともに、財務をつかさどる事務職員の専門性を生かしてより有効にリソースを活用し内容の充実を図っていくことができるのではないかと考えました。

さらに、事業の実施において鍵となる役割分担、スケジュール管理、次年度への引継ぎなど事務的な業務において、学校の中で唯一の行政職員である事務職員が事務処理能力を発揮して全体の管理・運営やコーディネートを担い、円滑な実施のための動きや流れを可視化することで、どの学校でも応用可能なマネジメントモデルとして提案することができるのではないかと考えました。

事業の中心に立つ――教育資源を有効活用する「リソースマネジャー」として

事業の実施にあたっては、まず趣旨や目的といった概要を校内で共通理解し、児童の実態に合わせた取組計画を立てる必要があります。共通理解の場として、京都市の財務マネジメント制度の一つである「学校経理の日」を活用することにしました。「学校経理の日」とは、京都市立学校財務事務取扱要綱に定められている財務マネジメントを円滑に進めるための制度で、管理職、財務事務担当者である事務職員を中心に、月1回程度実施することがガイドラインで示されています。公費・私費の執行状況等について把握、点検し、財務に関する課題や改善策について協議を行います。予算の効果的な執行について検討するほか、学校教育目標に沿った教育活動が実施されているかの点検、評価の機会とすることとされています。

本校では、教育活動と財務運営を効果的に結び付けていくことをねらいとし、教務主任も交え、校長、教頭、事務職員で毎月10日前後に実施しています。

今回の伝統文化体験事業の計画書提出は、学校がスタートして間もない4月中旬が締切であったため、担当学年の教員が綿密な実施計画を立てることは難しいと考えました。そこで、まず早い段階で実施に向けての校内体制やスケジュール、役割分担を整理しておくことにしました。本校の学校経理の日には教務主任も参加しているため、学校全体のスケジュールを見ながら各学年の授業計画を立てていくことができます。

大きな実施の流れは、【図表1-1】のとおり

時期	実施の流れ	教員	教務主任	事務職員	管理職
4月	学校経理の日にて事業内容共有		○	○	○
	実施計画作成	○	○	(○)	
	物品整理→予算計画作成			○	
	計画書最終確認→決裁→提出				○
7月	予算配分後、物品購入			○	
	講師との打合せ調整			○	
	講師との打合せ、授業準備	○		○	
11月	授業実施	○	○	(○)	
	振り返り(児童、教員)	○			
	学校経理の日にて評価		○	○	○
2月	実施報告作成	○	○	○	
	報告書最終確認→決裁→提出				○

図表1-1　実施の流れと役割分担

です。計画書の作成に向けて、実施時期や他教科・領域との関連等、授業計画に関することは教員と教務主任が担当し、その内容を理解したうえで、物品や講師謝礼の調整など経費に関することは事務職員が担当することとしました。事務職員は自校の物品保有状況などを確認したうえで、足りないものや新たに必要となるものを予算計画に反映させ、管理職は全体の整合性、不足がないか等を確認し、計画書の最終決裁、提出を行うという役割分担を確認しました。

予算配分後は、事務職員が物品調達などリソースの準備を進め、教員は講師との打合せや具体的な実施内容の検討など、それぞれ担当分野の準備を進めました。授業実施後は、児童の様子や感想をもとに振り返りを行い、目的や趣旨に沿った活動ができたかどうか評価し次年度に向けた改善点についての検討を行いました。

教員や事務職員が各々の役割に応じて、いつどのようなことに取り組む必要があるのかをあらかじめ明確に示し、負担を分散させチームで全体の見通しをもって事業を進められるよう心がけました。さらに、それぞれの専門性を生かすことで相乗効果を生み出し、より内容の充実を図り密度の濃い効果的な取組を行っていくことを目標としました。

リソースの調達――あるものを活用、ないものは…どうする!?

事務職員が担当する予算計画の策定にあたり、まずは茶道に関係する物品の保有状況を調べました。本校では10年近く前に茶道の取組が実施されていたようですが現在は継続されておらず、

（整理後）

（整理前）

写真１-１　物品整理の状況

当時のことを知る教職員もほとんどいませんでした。よく探してみると、茶器や茶筅（ちゃせん）などの大量の物品が、整理されないまま箱に入れられ、普段あまり使用しない部屋の隅に置かれていました。未使用の状態のものもあり、今後も十分活用できそうです。まずは整理するための棚を空き教室などから探し出して運び入れ、次に茶器などを品目に分けて整理し【写真１-１】、足りない物品のリストアップを行いました。

次に講師の選定です。通知文に記されている事業の実施例によると、自校の担当教員が授業を実施し児童が体験活動を行うことができれば、特別な講師を招へいする必要はないとされています。しかし教員の思いとしては、児童になるべく本物の文化に触れさせたい、普段経験できない体験をさせたい、できれば茶道の専門的な知識を持つ講師に来てもらいたいという願いがありました。

さらに、民間の茶道教室などとは違い、講師は専門の設備や用具が整っていない場所で一度に大勢の児童を指導しなければなりません。そういった学校の事情を理解し、なおかつ他校で講師の経験があるような方であれば非常にありがたいという話でした。

地域にも茶道の先生がおられると耳にしたことはありますが、これらの条件に合う講師を見つけることは難しく思案を重ねていました。茶道具の調達でお世話になっている業者の方に何気なくその話をしてみたところ「いい先生がいますよ」と紹介していただくことができました。

早速事務職員が連絡を取り、協力いただけないかお願いしてみることにしました。この事業では、児童が本物の伝統文化に触れられる機会を作りたいこと、茶道が生まれた背景を他教科での学習と結び付けて考えさせたいこと、細かい作法を一つ一つ覚えるよりもまず自分でお茶をたてて味わうという体験をさせたいこと、そこから豊かな心や創造性の涵養を図っていきたいことなど、学校として考えている趣旨を説明しました。講師も茶道文化を子どもたちに広めたいと活動されているところであり、趣旨を理解のうえ、快諾いただくことができました。

さらに打合せを進めていく中で、茶道体験の際に必要となる茶菓子をどのように調達するか考えていたところ、講師から学校近くの和菓子店を紹介してもらうことができました。茶菓子は子どもたちの口に入るものなので、管理方法やアレルギー等にも十分配慮しなければなりません。食材が傷まないよう授業当日に配達してもらうことが可能かといった点や、食物アレルギーをもつ児童もできるだけ同じものを食べられるよう、アレルゲン物質を使わない茶菓子を用意するといった点を考慮する必要があります。そのうえで、講師とも相談し、一般的なお茶席でも用いられるような季節にちなんだ美しい和菓子を用意できないか検討しました。芸術的に創作された和菓子を目にすることも、京都の伝統や食文化を学ぶ一端となると考えたからです。それらを含めて配分された予算内で調達できるよう、配慮すべき事項を取りまとめて事務職員が和菓子店とやり取りを進めました。支払に関して口座登録を行うといった新たな事務手続も必要であったことから、担当教員を介するのではなく事務職員が窓口となって和菓子店と直接やり取りをすることで、納品、支払までスムーズに調達を行うことができました。

事務職員の強みを生かす

事業の実施において、より効果的で最適なリソースを準備するためには、「伝統文化を実際に体験することから豊かな心を育む」といった授業のねらいや、教員が子どもにどのような体験をさせたいのかといった教育活動の内容を、事務職員も事前に理解することが重要であると考えます。そして、学習の効果を高めるために何が必要であるかを教員とともに検討し、アレルギー対応、食材保管といった危機管理的な要素も踏まえたうえで、予算をマネジメントし、新たなリソースの開発や調達に結び付けていくことができるのは、事務職員の専門性であり強みであると考えます。日常的な業務のなかで構築してきたつながりや収集した情報をもとに、最適なリソースの発掘が可能になります【図表1－2】。リソースの調達は、チームとしての学校のなかで総務・財務の主担当である事務職員が専門性を

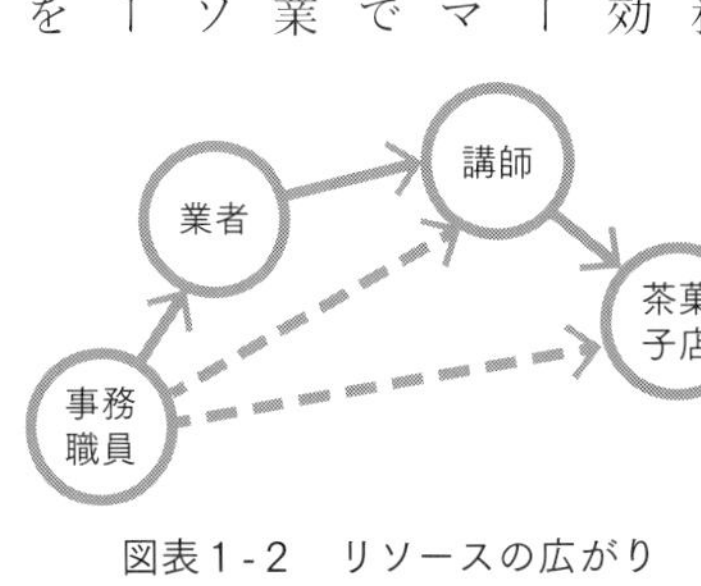

図表1-2　リソースの広がり

生かして力を発揮できる部分であり、学校運営に参画し教育の効果を高めることに貢献していくことができる分野でもあります。

子どもの学びを広げるために――細やかに配慮・調整する

今回の授業では、「本物の文化に触れる」「児童全員が自分でお茶をたてる体験を行う」ことがまず目標でしたが、本校には茶室の設備がないため、畳を敷いた教室で授業を行うことになりました。本来であれば茶席に必要な掛け軸や花入れを飾る場所がないため、事前に講師と相談し、立てかけて設置した色紙を掛け軸に見立てたり、お花はあり合わせのものでアレンジメントの形に仕立てたものを飾ったりと、少しでも本物に近い場の雰囲気を演出できるよう工夫しました【写真１－２】。これは、講師が学校の実情やねらいをよく理解し柔軟に対応してくださったことで実現したものです。事務職員が時間をかけて丁寧に説明し、講師の理解や納得を得ながら進められたこともよかったのではないかと思います。

写真１-２　場の演出

さらに、児童全員が同時に体験学習を行うために必要となる茶道具の種類や数がそろっているか、コロナ禍でも実施が可能なプログラムかどうかなど、教員や講師双方の意見を聞きながら調整し、準備を進めました。講師

上賀茂小学校６年　茶道体験授業		【準備物およびタイムスケジュール】	
実施日：	令和４年１１月１４日（月）３，４時間目（10：45～）…６－３		３４＋１名
	令和４年１１月１５日（火）３，４時間目（10：45～）…６－２		３３＋１名
	令和４年１１月１５日（火）５，６時間目（13：30～）…６－４		３３＋１名
			児童合計　１０３名
【前日（11/11金曜）準備】			
	教室の片付け	・掃除しておく（畳の上にはものを置かない）	
	茶道具の準備	**・茶碗→軽く水洗いし、タオルを敷いて茶碗を伏せて並べておく**	
		・茶筅→ケースから出して、立てて並べておく	
	その他準備物	・お盆（プラスチックトレーも使う）	
		・ゴミ袋	
		・消毒用アルコール　⇒クラスのものを持ってくる	
		・先生、ボランティアの方用スリッパ	
		・延長コード、大型テレビセッティング	
		・電動ポット５台（お湯は別室で沸かす）	
【１１月１４日（月）３，４時間目（10：45～）…６－３】			
時刻	項目	内容	備考
8：30ごろ	講師、ボランティア５名来校	教室で準備	
9：00ごろ	茶菓子４２個届く	事務室で受取	業者配達
	お湯を沸かす	ポット３台用意	職員室と事務室
10：45～	６－３茶道体験	①茶道の説明（スライド）　２０分	タブレット用意
		②先生のデモンストレーション　１０分	
		③茶菓子を食べる（全員）　１０分	菓子は懐紙にのせる
		④お茶をたてる（前半１６人）　１５分	後半組は見取り
		⑤お茶をたてる（後半１６人）　１５分	前半組は見取り
		⑥質疑応答　１０分	
	後片付け	茶碗、茶筅を洗う	
※抹茶缶（３缶）は事務室の冷蔵庫に入っています。			
※ボランティアの皆さんに、当日、謝礼の手続をしてもらうこと（事務室担当）			

図表１-３　タイムスケジュールなど

によると、茶道を学ぶ際には自分がお茶をたてる行為だけではなく、他人の所作や流れを見て学ぶ「見取り稽古」も非常に大事であるというお話でした。

２コマの授業時間の中で児童全員がお茶をたてる体験と見取り稽古を実施できるよう、クラスを二つのグループに分け、片方のグループが体験している間にもう片方のグループが見取り稽古を行うという形をとることにしました。

他にも、講師が用意してくださったスライド資料で茶道の歴史を学ぶ時間や後片付けの時間などを含めて時間内で収まるよう、打合せの内容をもとに事務職員がタイムテーブルを作成しました【図表１－３】。

日頃の情報収集・整理が役に立つ！

このように、リソースマネジャーとして環境や配慮事項を考慮し必要とされる物品や謝礼を用

意するといった「もの」の準備だけでなく、教員が求めていることを理解しそれをわかりやすく他者に伝え「調整」すること、さらにタイムスケジュールなどの「情報」を可視化し整理してまとめるといった資料作りなども、事務に精通する事務職員が力を発揮していくことができる部分だと考えます。あらゆる場面で役立てることができるよう、事務職員は常にアンテナを広く張って、様々な情報を収集しておく必要があります。

また、職種や立場が違う人が多くかかわればかかわるほど、情報が分散し収集することが難しくなります。情報が届くのを待っているだけでは、気づかないうちに必要な情報を逃してしまうこともあると思います。そうならないためには、受動的にではなくこちらから能動的に情報を得ることが必要ですが、それには特別に大きな労力や難しい努力を必要とするわけではありません。例えば、今回の事業で必要となった各教科・領域のカリキュラムや、いつどのような単元を学習するのかといった年間授業計画、また児童のアレルギーに関する情報などは、校内の日常的な会議・研修や、教職員との何気ないコミュニケーションのなかからでも十分に得られる情報だと思います。

財務事務担当者の役割――学校財務マネジメント（ＳＦＭ）を通して

事務職員は、得られた情報を予算とどのように結び付けていくか、また逆に、予算を教育活動に効果的に反映させていくにはどのような方法があるか、そして予算だけでなく人やものといったあらゆるリソースを、どのように活用すれば教育目標の達成につなげていくことができるか、といった視点を持つことが重要であると考えます。そういったことを常に意識しながら、教育の条件整備を熟考し整えていくことが「リソースマネジメント」であり、教育活動に貢献する「リソースマネジャー」として学校事務職員が果たしていくべき役割であると考えます。

京都市では、「ＳＦＭ（School Financial Management）＝学校財務マネジメント」という考え方を早くから提唱し、新しい学校づくりを進めていくための財務事務担当者（＝事務職員）としての役割が示されてきました（詳細は第3章参照）。ここでは、学校経営ビジョンを理解し管理職を補佐する、財務等にかかわる情報を収集し教職員へ周知を図る、校内での連携・調整を図るといった役割のほか、ＰＤＣＡサイクルに基づくマネジメントの重要性や地域連携、校種間連携の可能性、「選択と集中」による予算計画、予算運用にあたっての注意点など、今日においても変わらない重要な視点が網羅されています。

今回の授業実施にあたっては、前述の事業計画書やタイムテーブルの他にも、在庫物品の一覧や数量、保管場所、講師及びボランティアの連絡先など、今後も必要となりそうな情報をまとめて整理し、関係者に周知しておきました。必要な情報を一元化して共有しておくことで、当日の急な欠席により運営者が不在となるような不測の事態が起こっても対応することができ、次年度に向けて効率的に事業の引継ぎを行っていくことも可能になります。

事業の実施に限らず行事の準備などにおいても、学校では口頭での引継ぎが多かったり、前任者から次の担当者に直接の引継ぎができなかったりなど、効率よく情報の伝達ができないことで物事の運営が滞ってしまうことがあります。リソースや運営にかかる情報を一元化してわかりやすく整理・可視化して資料を作成することや、会議・行事の記録、課題点の整理など、持続的な学校運営にかかる業務を中心的に担っていくことも、SFMの考え方に基づいた事務職員の役割として、今後さらに力を発揮していくことができる分野ではないかと考えます。

成果（評価）と課題を次につなげる

茶道体験授業の実施後には、PDCAサイクルを意識し、児童の様子や感想、教員の所感などをもとに学校経理の日で取組全体の評価・検証を行いました。評価項目については、今回の体験学習が一過性のものではなく、指導計画に基づき前後の学びや教科との関連を意識した取組となっていたか、伝統文化に対する児童の関心や理解が深まったかといった学習面〈教育内容〉での評価のほか、学習効果を高め、目的に沿った体験活動を行うためのリソースの選定や準備は適切であったかといった財務面〈条件整備〉の両面から検証を行いました。

児童の感想には、「お茶をたてる体験ができて楽しかった」「お茶は苦かったが、本物の味を知ることができた」「見るのとやってみるのとでは全然違った」といった、実際に自分で体験したからこそ味わえた驚きや喜びを感じる意見が多く見られました。他には「掛け軸の種類についてもっと詳しく知りたい」「おじぎの仕方にも種類があることを初めて知った」と、お茶をたてることだけではなく茶道文化に広く興味を示した児童や、「茶道を習ってみたい」という児童も何人も見られました。机上で学ぶだけではなく実際に体験して本物の文化に肌で触れることで、伝統文化の良さに気づき、児童の興味関心を高める結果になったといえます。また、同時期に社会科で学習していた室町文化と関連づけることで歴史に対する理解も深まり、カリキュラム・マネジメントを意識した取組とすることもできました。

教員からは、「自分たち教員だけでは、物品や場の準備も含めてここまで充実した体験はできなかったと思う」「日々余裕がないなかで講師や業者と打合せの時間を取るのが難しいが、事務職員が代わりに調整してくれて非常に助かった」といった声が聞かれました。教員の負担を軽減しつつ、事務職員の強みや専門性を生かして「子どもの学びを広げる」取組とすることができたのではないかと思います。

全般的にはスムーズに体験活動を実施できましたが、いくつか反省点もありました。一時間目から授業を組んだため朝の準備時間があまり取れなかったことや、当日のボランティアの人数を事前に把握していなかったため予算計画に反映できなかったことなど、確認が不足していたり実際に実施してみてわかったりしたこともありました。時程については一年目の反省を生かし、次年度は三時間目以降で授業を組むことを教務主任に提案しました。

一つのことが無事終わると、安心してすぐ次のことに向かってしまいがちになります。取組を持続可能なものとし効果を高めていくためには、そのとき限りで終わりにするのではなく、振り

返りや反省、そしてリフレクションが重要だと考えます。計画どおりに実施できたのか、実施してわかった課題はどのようなことかといった事業全体にかかる振り返りとともに、自分の考えや行動が効果に照らして最適だったか、実施して得られた気づきや改善策はどんなことかといったリフレクションを繰り返していくことで、より専門性を高め、経験を糧に成長していくことができるのではないかと思います。日々の業務に追われ忘れがちになりますが、常に心に留めておきたいと考えています。

次の一歩……教育活動への理解を深める

今回の体験学習は、事務職員が学校経理の日という財務マネジメントの場などを活用して、事業の計画や実施、評価や反省など全般的にかかわりながら取組を進めました。全体スケジュールや校内での適切な役割分担を可視化し、教員や事務職員がそれぞれの専門性を生かしながらチームで取り組む体制をつくることを意識してきました。教員は子どもの指導や授業にかかわる部分を担当し、事務職員は、予算管理や人・ものといったリソースの準備や段取り・調整の部分を中心に担当しました。

結果として、一か所に負担が集中することを避け、教員や教頭の業務負担を少しでも軽減することができたことから、広く捉えると働き方改革にも資する取組となったといえるのではないかと思います。このようにわかりやすい役割分担を示しながら一つの取組を進めていくことは、どの学校でも活用や応用が可能なマネジメントモデルとして提案できるのではないかと考えています。

また、学校での取組において、目標に向かってより高い教育効果を上げていくためには、教員が何を意図してどのような授業を創り上げたいのかという教育的意義を、事務職員も常に把握し理解しながら進める必要があるように思います。そのためには、市の教育理念や学校教育目標の理解、教育課程や指導計画についての知識習得、また、カリキュラム・マネジメントの視点を持ち教科間の関連やつながりについての理解を深めるなど、教育的素養を身につけていく必要があります。

そして、事務職員は総務・財務等に通ずる専門職として、主体的・積極的に校務運営に参画していく姿勢を常にもつことが重要です。学校の危機管理・安全確保といった面から、食材の管理や児童のアレルギー等に配慮すること、社会に開かれた教育課程の推進を目指し、地域との連携・協働を意識することなど、学校や地域全体を広く見渡して必要な情報を収集し事業全体のマネジメントを担っていくことは、今後学校においてますます重要な役割となってくるように思います。

子どもの姿を間近に見ながら、かかわる人々と密にコミュニケーションを取り、収集した情報をもとに最適なリソースを準備し、教員を支えながら取組を推進していくことは、事務職員が学校にいるからこそできることであると考えます。学校で唯一のリソースマネジャーとして、教育活動への理解を深めながら子どもたちの教育環境を整えていくことができれば、教員や管理職の負担を軽減しつつ取組の効果を高め、ひいては学校の教育力向上に寄与していくことができるのではないでしょうか。そして、各校での取組を事務職員組織で共有し実践を広めていくことで、自治体全体への波及効果も期待できると考えます。

学校事務職員として、与えられた環境やチャンスを生かすこと、コミュニケーションを大切にすること、自身の専門性を磨く努力を怠らないこと……。ミッションは尽きませんが、それだけやりがいが大きく、可能性のある仕事だと日々感じます。子どもの学びに貢献できる職であると胸を張っていえるよう、私にできる努力を続けたいと思います。

実践例2　第49回全国公立小中学校事務研究大会（京都大会）第7分科会にて報告

財務マネジメントと地域協働による学校図書館リニューアルの実践（2016年度〜）

きっかけは、教員のひとこと

当時の勤務校では、学校教育目標「自ら考え、意欲的に実践する子ども」の達成に向け、「主体的に学ぶ力の向上」「豊かな心の育成と体力の向上」を大きな柱として日々の教育活動に取り組んでいました。その中で、重点項目に「読書活動の充実」を挙げ、朝の帯時間での読書タイム（「グングン読書」）や地域の図書ボランティア・教職員による読み聞かせ、100冊読書の取組などを行っていました。

学校図書館の施設としては2教室分のスペースが確保されており、第1図書室には京都市地域産材「みやこ杣木（そまぎ）」を使用したテーブルと椅子が配置され、読書や調べ学習を行う際に利用しています。蔵書冊数については、学校規模により定められた学校図書館図書標準の冊数が7千冊であるところ、2015年度末の蔵書冊数は9199冊と基準を大きく上回っており、児童数に対して十分な冊数が確保されていました。

このように、学校図書館の環境は整っているように思われましたが、年間を通して自主的に図書館を利用する児童が少なく、貸出冊数の伸び悩みが毎年課題として挙げられていました。図書部の年間反省では、貸出が増えない理由として、本の冊数は十分にあるが児童が手に取らないような古い本や傷んでいる本が多い、全体の冊数に対して調べ学習に活用できる本が少ない、第1図書室を調べ学習、第2図書室を読み物の本というように分類して配架したいが、きちんと分類・整理ができていないといった課題点が挙げられていました。その年は予算執行の面からも読書活動や図書館環境の充実を図っていくために、事務職員も図書部の校務分掌に位置づけられており、学校司書や担当教員と一緒に、これらの課題解決に向けて方策を検討していくことになりました。

どのようにすればもっと児童が利用しやすい図書館になるか、本を手に取りやすくして貸出冊数の増加につなげられるような取組ができないか、蔵書の整理や管理を効率よく行っていくためにはどうすればよいかなど、図書館運営における課題を解決していくため、学校司書や図書部の

写真１-３　古いカウンター

教員と議論を重ねました。図書館の環境について議論しているうち、設備面で、「現在使用しているカウンターが非常に使いにくい。ちゃんとした図書館用のカウンターがほしい！」という意見が教員からあがりました。

これまでは布をかけた古い長机をカウンターとして使用しており、場所が狭い、整理がしづらい、見た目もよくないという状況でした【写真１－３】。長年にわたってこの状況だったため、以前から在籍する教員は図書館の風景として見慣れてしまっており、「カウンターがあれば……」という発想が出てきませんでした。他校から異動してきた教員には逆に、「なぜ図書館にカウンターがないのか？」と異様な光景として映ります。様々な人の視点や考えを取り入れながら課題に対してアプローチしていくことが、新たな気づきやアイデアを生むのだと実感した瞬間でした。

話し合いの結果、長机ではなくしっかりとした図書館用の機能を持つカウンターを導入して、使いやすさが向上し効果的に貸出等の活動を行うことができるようになれば、児童の委員会活動が活性化されるうえ、子どもたちの来室が増えるきっかけになるのではないかという意見がまとまり、カウンターの導入を検討していくことになりました。予算や物品調達など学校財務を専門とし統括するリソースマネジャーとして腕の見せどころです。教員と協働し教育環境の整備・向上に貢献していくべく、年度途中ではありましたが早速実現に向けて動き出しました。

リソースマネジャーとして、手を尽くす

カウンターの調達に向けて、まずは京都市の「物品有効活用システム」で検索をしました。「物品有効活用システム」は、京都市の物品を有効に活用し資源の再利用を促進することにより、「環境にやさしい学校づくり」の一層の推進を図ることを趣旨とし運用されているシステムです。自校での使用頻度が低い物品や、まだ使用できるが自校では使わなくなった物品の情報を掲載し、それを必要とする他校が借り受けたり譲り受けたりすることができる仕組みになっています。各校にある物品は、もともとは公費で購入した市の共有財産です。まだ使用できる物品がずっとどこかの倉庫で眠っているのはもったいない、まさに物品を全市で「有効活用」できるシステムとなっています（システム導入の経緯は、第3章参照）。

欲しかった図書館用のカウンターを検索してみましたが、そのときはタイミングが合わず、システムに掲載がありませんでした。学校の統廃合で使わなくなったカウンターを譲ってもらえないかと、学校の物品担当課や統合の担当課などに問合せもしましたが、すぐに手に入るものは見つかりませんでした。譲ってもらえるものがなかったため、新規に購入することを検討し複数業者へ見積りを依頼しましたが、やはりカウンターは高額で、年度途中にすぐに購入に踏み切れる

金額ではありませんでした。そのため、カウンターの購入はいったん諦めることになりました。

制度を知り、有効に活用する

ところが年度末に向け、校内予算の執行を点検し、補正や最終決算に向けて計画の見直しを行ったところ、その年は光熱水費にかなり余剰が出ることがわかりました。京都市の学校経常運営費は光熱水費を含む総額裁量予算制度が導入されているため、節電や節水により光熱水費を節約することができれば、費目調整を申請し光熱水費を需用費や備品購入費に振り替えることができます。費目調整は毎月申請が可能で、当月15日の締切までに申請した内容は、翌月1日に学校予算に反映されます。費目調整を計画的に活用することで、柔軟に予算を組み換えてそのときに本当に必要なものに効果的に予算を使っていくことができる仕組みになっています。

学校の財務マネジメントを担う事務職員として、計画性や即効性、柔軟性など様々なことを考慮しながら予算執行を進めていく必要がありますが、公費予算に対する学校の裁量が大きいことで財務マネジメントの重要性は高く、自分の仕事が学校運営に反映されていくことが直接的に目に見える部分でもあり、身が引き締まる思いとともに非常にやりがいを感じます。

カウンターの購入を検討したその年は、職員会議や朝礼でこまめに声かけをし【図表1－4】、学校全体でデマンド値(1)に気を配るようになった結果、電気の契約電力が年度途中に下がり電気料金を計画より抑えられたことや、暖冬によりガス代が予定よりも低く抑えられたことで、光熱水

●光熱水費を無駄にしないためのお願い　➡合言葉は「〇〇なく、〇〇なく！」

☆部屋を離れるとき（誰もいなくなるとき）は、電気・エアコンを消しましょう！

子どもたちと一緒に、SDGs"資源・環境を大切にする"意識を教職員全員が持ちましょう。

☆パソコンの前をはなれるときは、画面を閉じましょう！

小さいことですが、積もり積もって画面の電気の節約になります。一人ひとりが意識しましょう。

図表1-4　校内への呼びかけ

費に余剰が生まれました。さらに、学校経常運営費も、特別事業費[2]の活用などにより支出を抑えられたことから、年度末使える予算に少し余裕があることがわかりました（図表内の合言葉は、「無理なく、無駄なく！」）。

勤務校では、12月の職員会議で教職員に向けて予算要求書作成についての提案を行い、1月にかけて各分掌の担当者からの予算要求書を受け付けます。提出された予算要求書の中から優先度を検討のうえ、教材教具の購入や修繕が必要な箇所の修理を行います。カウンターの購入も、優先課題として挙げられていました。

このように、その年は予測していたよりも多くの予算を活用できることがわかったため、カウンターの購入を再検討することにしました。予算要求書の提出があった他の案件や学校全体の状況を鑑み、カウンターの購入が最優先されるべきか、費用対効果など、何度も管理職と検討を重ねました。様々な視点から検討した結果、中長期的な視点で学校設備の維持管理や安全面を考えたとき、できるだけ早めにしっかりとした造りのカウンターを導入した方がよい、暖冬という季節性の事由で光熱水費に余剰が出たこともあり、次年度以降は今年度のように予算に余裕が出るかどうかはわからないといった意見が出され、やはり今年度がチャンスではないかという結論に至り、カウンターを購入することになりました。

効果が効果を呼ぶ……カウンターの設置から次の展開へ

入れ替える前の古いカウンターは第1図書室に置かれていましたが、主に子どもたちが借りていく読み物の本などは第2図書室に配架されているため、利用頻度などを検討し新しいカウンターは第2図書室に設置することにしました【写真1－4】。そのため第1図書室のカウンターがあった場所に、新たに本棚を置くスペースができ、整理できていなかった図書の整理を進めることができました。

さらにこれを機に、本棚のレイアウトなどを全体的に見直し、これまでの懸念だった図書の分類分けにも着手することにしました。職員作業で本棚の配置を変え、学校司書や地域の図書ボランティアの協力のもと本の分類分けを行い、再整理を進めました。

カウンターを導入したことで動線がよくなり、図書委員の子どもたちも貸出などの作業がしやすくなったようで、より意欲的に委員会活動に取り組む姿が見られるようになりました。全体のレイアウトを変えたことで掲示板が以前より広く使えるようになったため、読書をうながす児童への呼びかけなど掲示物にも工夫を凝らし、図書館の活性化に向けて主体的に活動する姿が見られるようになってきました。

写真1-4　新しいカウンター

写真1-5　寄せ集めのテーブル

さらに充実した図書室へ――新たな予算の調達を図る

大幅なレイアウト変更を行ったことで本の整理が進み、今まで活用できていなかったスペースを活用することができるようになりました。前述のように本校の蔵書冊数は学校図書館図書標準冊数を上回ってはいますが、古い本や傷んでいる本も多く、児童が手に取ることがなくずっと図書館に置かれたままで稼働していないものもありました。本の整理が進んだことで古いものを見分けられやすくなり、計画的に傷んでいる本を入れ替え新調していくことにしました。

さらに、第2図書室に読み物の本が多くなったこともあり、子どもたちがもっとリラックスしてゆっくり読書ができるような環境にしたいという声が教員や図書ボランティアから出てきました。当時の第2図書室にも読書スペースはありましたが、古いじゅうたんが敷かれたスペースに寄せ集めの古いテーブルと椅子が置かれたものでした【写真1－5】。古いテーブルは床から高さがあるため、ボランティアの方が椅子に座って子どもたちを相手に読み聞かせを行う際、床に座った子どもの視点と本の高さが合わず、本の内容が見えにくい状態でした。そのうえ、部屋の中央にはかなり古くて重たい展示用の棚が置かれ、大きな場所を占めていました。この棚はとても頑丈ですが大きさの割に展示できる冊数が少なく、図書室でも扱いに困っているということでした。

そこで、子どもたちがリラックスして読書ができるスペースをつくるため、次は第2図書室のリニューアルに着手しました。リニューアルの目標は大きく2点、1点目は古いじゅうたんや活用できていない展示用の棚を処分して広いスペースを確保し、新しいじゅうたんを床に敷き詰めて座って読書ができる空間をつくること、2点目は高さがあるテーブルを座卓型の低いテーブルに入れ替えることでした。

しかしカウンターのときと同様、これらもすべて一から購入して実現するには多額の費用がかかります。じゅうたんや座卓型のテーブルは、前述の物品有効活用システムで探したり、地域から譲ってもらえるようなものがないか各団体に問い合わせてみたり様々な方法を模索しましたが、手に入れることはできませんでした。

そこで、京都市の学校財務に関連する制度が利用できないか検討しました。ちょうどその時期に、学校経常運営費とは別の予算である特別事業費「学校ふれあい手づくり事業」の募集がありました。この事業は、学校と保護者・地域住民が協力しながら、開かれた学校づくりを推進する環境を手づくりで作成・整備し、その企画や製作作業、利用などを通じて学校・家庭・地域の連携を深めるとともに、身近な学びの場を創出・充実させ学校を拠点とした地域コミュニティの発展を図ることを目的として実施された事業です[3]。取組の計画書や予算書を担当課に提出し、申請が通れば材料費などの予算が配分されます。この事業を活用し、地域のおやじの会やＰＴＡの協力を得て座卓型のテーブルを製作できないかと考えました。取組の計画や意図、考えられる効果や必要となる材料、費用等について、管理職と事務職員が相談のうえ申請書をまとめて提出し、事業の実施が決定しました。

地域とともに学校をつくる

テーブルの製作にあたっては、地域や保護者など様々な方の協力を得ながら進めました。ちょうどそのときのＰＴＡに建築士の方がおられたため設計を依頼したところ、快く引き受けていただきました。材料となる木材は、地域の材木店に事務職員が出向き、どのような素材を使えばよいかなどをお店の方に相談しながら調達しました。そしてテーブルの製作は、おやじの会やＰＴＡ、教職員が協力して少しずつ作業を進め、計4台のテーブルを作ることができました【写真1－6】。

写真1-6　製作したテーブル

次は、床に敷くためのじゅうたんの調達です。あまりお金をかけずに、ホームセンターで安価なものを購入して作業を教職員で

行うことも検討しましたが、教職員の負担になることは避け、図書室の設備として使用するためできるだけ長持ちする仕様にしておく必要があると考えました。耐久性や質、掃除や手入れなど維持管理のしやすさも考慮し、専門の業者に施工を依頼することにしました。しかしそうすると経常運営費内で執行することが難しい多額の費用がかかります。そこで、京都市の財務制度である「みやこ学校エコマイレージ」(制度導入の経緯は第3章参照)を活用することにしました。

「みやこ学校エコマイレージ」とは、学校における環境保全や環境教育に関する取組を申請してポイント化し、ためたポイントを必要に応じて随時予算化して使うことができる制度です。ポイントは年に一度申請できるのですが、当時の勤務校では光熱水費削減の取組や、地域と協働で行っていた植物栽培の取組、環境に関する児童の啓発の取組などを継続的に行っており、そういった環境に関する取組について毎年ポイントの申請をし、付与されたポイントは使用せずにこつこつためていました。「これを使うのが今だ!」と考え、ポイントの予算化を申請し、じゅうたんの施工のために不足する分の予算を補填することができました。

最後は、古くて重たい展示棚の処分です。図書室ではない場所で活用できないか、前述の「物品有効活用システム」に掲載し、他校で活用してもらえないかということも考えてみましたが、やはり重たいうえに大きなスペースを占めてしまうことから、他では活用できる目途が立たなかったため、産業廃棄物として処分することになりました。処分するには校舎の外へ運び出して、産廃業者に回収に来てもらう必要がありますが、図書室は2階にあり運び出すのに人手が必要になります。授業がある日中にはなかなか教職員が集まって作業をする時間が取れず、しばらく放置したままの状態が続きました。それを見かねた図書ボランティアの方が、地域の諸団体に声をかけて人を集めてくださり、あっという間に棚を運び出して【写真1-7】、解体処分までしてくださいました。地域には消防団があり、毎年冬の学区のもちつき大会のときにはドラム缶に火を起こしてもち米を炊いてくださるのですが、そのときの薪にするのにちょうどいいからと、木製の棚の解体処分を請け負ってくださったそうです。とても学校だけでできることではなく、地域の力のすごさとありがたみを実感する機会となりました。

写真1-7　地域の方たちによる搬出作業

このように、学校財務にかかわる京都市の制度を効果的に活用し、PTAや地域の協力を得ながら、子どもたちが過ごしやすい、利用したくなる学校図書館へのリニューアルを果たすことができました。じゅうたんが敷かれた第2図書室は冬でも暖かく、休み時間にゆっくりと読書をする児童の姿をよく見かけるようになり、図書の貸出冊数も徐々に伸びていきました。

共通の思いを持って

学校教育目標の達成に向け、豊かな心の育成を目指した児童の「読書活動の充実」を目標に図書館のリニューアルに取り組んで

きました。教員と協働しながら課題に向き合い、リソースマネジャーとしての役割を果たすべく、京都市の制度を生かして効果的な財務マネジメントを行い、念願の図書館用のカウンターを購入することができました。カウンターの導入をきっかけに、図書室の配架の整理や子どもたちの快適な読書スペースづくりなど、行きたくなる図書室の整備を目指して、学校と地域が協働し一連のリニューアルに取り組んできました。学校と地域が目的と具体的なビジョンを共有し、お互いの知恵や力を出し合い子どもたちのために目標を具現化するという、理想的な形で取組を進めることができたのではないかと思います。

こうした一連の取組や作業は、学校・地域どちらかの力だけでできるものではなく、日頃からの密なコミュニケーションや目標の共通理解の土壌のもと信頼関係の構築がなされ、お互いの良さや持てる力を発揮することで成し得ることができるものではないかと考えます。学校は、子どもや保護者、地域の方々、専門スタッフを含めた教職員など、子どもの教育にかかわる多様な人々の声を広く拾うことで課題を把握し、その要因や、改善のためにはどのような手立てが必要かなど、具体的な解決の方策について検討し、その実現のためにアクションを起こしていく必要があります。コミュニティスクールの仕組みや地域同士のつながりを活用してかかわる人皆が目的や目標を共有し、知恵や力を出し合って課題の改善のために協働していくことは、必ず学校の教育環境の向上につながるものと考えます。

学校にとっては、例えば地域学習で地元の方に講師に来ていただくなど、教職員だけではできない部分を地域に助けてもらうことで、子どもたちはより豊かな教育活動を経験することができます。地域にとっては、子どもたちと触れ合ったり活動にかかわり地域の人々の輪が広がったりすることで、生きがいを感じより豊かな人生を送ることにもつながります。このようなWin-Winの関係を築くことができれば、様々な取組が持続可能な活動となり、学校を核としてよりよい地域づくりにもつながっていくことが期待できるのではないでしょうか。

結びに――「つかさどる」事務職員のさらなる挑戦

第1章では、財務マネジメントを基軸とし学校運営への参画を試みた実践を通して、チームとしての学校の中で事務職員に求められる役割や果たすべき役割、また職務の広がりについて考えてきました。

事務職員は、総務・財務に通じる専門職として、教育活動にリソースをつなぎ、人と人をつなぎ、子どもの学びにかかわる要素をつなげて大きな力を生み出していく、学校の中核となり得る存在だと思います。私たちの仕事は、様々な要素をつなぎ合わせて機能強化を図る〝マネジメント〟という、どちらかというと目に見えない、陰で支える形のことが多いですが、様々な人の声を聞いて協働したことが成果となり、子どもの成長を目の前で見届けることができるのは、学校にいる事務職員として大きなやりがいを感じられる部分ではないかと思います。

今回の取組を実現することができたのは、京都市の充実した財務制度やシステム環境があるこ

とも大きいと思います。光熱水費を含めた総額裁量予算制度であることによって学校の裁量が非常に大きく、自校の特色ある教育や、実現したい取組への予算確保が容易になります。さらに、学校経理の日や費目調整、物品有効活用システム、みやこ学校エコマイレージ、学校予算キャリー制度など、学校の創意工夫で活用できるシステムや制度が整っています。しかし、よい制度や施策があっても、有効に活用されなければ持ち腐れとなってしまいます。本質や目的を理解したうえで制度を効果的に活用するとともに、学校の経営ビジョン実現に向けて学校の現状を捉え、創意工夫を取り入れながら財務マネジメントを担っていくことが事務職員には求められています。

そして、これらの制度やシステムは、「より良き学校教育は、より良き学校事務から」の熱い想いを受け継いでこられた京都市の諸先輩方の現場改善に対する意欲や様々な努力、そして教育委員会の方々の理解や創意工夫、システム整備への尽力等があって生み出されてきたことを知りました。これらを含めて第2章以下で詳述しますが、京都市には教育委員会の組織として学校事務支援室があることで学校事務に関するサポートが厚く、事務職員の職務環境は非常に恵まれていると感じます。

しかし、AIがますます発達していく世の中で、事務作業や処理にかかる部分は簡略化が進み、学校事務職員の職務内容は今後大きく変わっていくことが予想されます。今の環境に甘んじることなく、課題意識と現場改善の視点を持ち、学校や教職員にとって何が必要かということを考え、「自分たちの仕事を自分たちでもっとよくしていくために行動する」という姿勢がさらに重要となってくるように思います。誰にとってもやりがい、働きがいを実感できる学校現場となるよう、先輩方の思いを継承し、日々感じる課題を整理して具体的な改善策を提案していくことも、「つかさどる」事務職員に課せられた役目なのではないでしょうか。

子どもたちの豊かな学びを実現していくためには、教員の思いを聞くことができる学校体制や、誰もが思いを発信できる風通しのよい職場づくりが大切だと感じます。少数職種である事務職員は、一つのことを実現するために、かかわる様々な人の声を拾いながら、調整し判断していく必要があります。日々の業務では、本当にこれが最善の判断なのかと迷うことも多いです。しかし、学校組織の一員として目の前にある困りや要望に真摯に向き合い、その解決や実現に向けて最後まで諦めず手を尽くす姿勢が大切だと思います。独りで困るときには仲間を頼り、仲間とともに学び成長し、学校事務職員が学校に必要な職であり続けるために努力を続けていきたいと思います。

小さくても少しずつでも、勇気をもって踏み出す一歩が、子どもたち、そして学校にかかわるすべての人の幸せにつながることを信じて。

(1) 電力会社との契約において定められた「30分間における平均使用電力」のこと。契約電力は、デマンド値の過去最大の値をもとに設定される。デマンド値が過去の最大値を更新した場合、契約電力がその値で更新される。

(2) 前出の伝統文化体験事業など、経常運営費とは別に、学校から担当課への申請により配分される事業別予算のこと。

(3) ２０１０年度から実施し、一定の事業成果を上げたため２０１７年度で事業終了。

京都市の財務制度活用 実践編｜1

費目調整

校内予算管理システム

申請の照会

費目調整等の申請
申請の登録・編集
申請の照会

申請内容を確認して下さい。
・[戻る]ボタンを押すと、一覧画面に戻ります。
戻る

費目調整（令和5年6月1日執行委任）

小学校運営費

費目名	申請金額	執行委任残額
報償費		98,954
需用費	-12,000	6,941,678
旅費		
光熱水費		11,000,216
役務費	12,000	143,300
通信運搬費		736,960
保険料		
委託料		
使用料及び賃借料		1,320
備品購入費		70,000
合計	0	

費目調整とは、年度途中に予算費目の調整が必要になった場合、各校園からの申請に基づき、配分（執行委任）額の費目を調整することができる制度です。

申請は、校内予算管理システムから行うことができます。

▶制度の創設についての詳細は、第３章（P66～91）を参照。

こんな風に活用しています！

今度、●●先生に講演に来ていただきたいんだけど、謝礼って出せるかな？

年間計画にはなかったですよね？

15日締切 → 翌月1日配分

報償費	20,000円
需用費	-20,000円

そうなんだ。先生の都合がつくことになってね。難しいかな？

いえ、大丈夫です！
費目調整を申請しておきますね。

当初配分では謝礼金（報償費）での支払いを予定していなかったため予算がなかったが、費目調整をすることで報償費の支払いが可能に！

年度末…

今年は暖冬だったから、ガス代が余りそう。

苗を植えるプランターの数が足りないから、余ったお金で買えないかな？
経理の日で相談してみよう。

光熱水費	-50,000円
需用費	50,000円

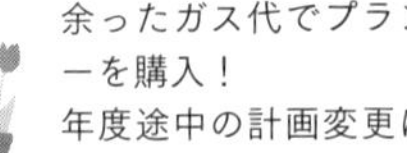

余ったガス代でプランターを購入！
年度途中の計画変更にも柔軟に対応できる。

第2章

京都市立学校事務研究会の「あゆみ」と研修制度

元京都市教育委員会事務局　指導主事
小槙　博美

第2章からは、第1章で言及したような実践が生み出された背景として、京都市の学校事務や学校財務がどのように充実、発展を遂げてきたのかを紹介します。

まず、本章では、戦後まもなく発足した京都市立学校事務研究会（以降「事務研究会」という）の「あゆみ」と、同研究会の働きかけや取組をきっかけとして発展してきた本市学校事務職員にかかる研修制度等について、元学校事務職員であり、元京都市教育委員会事務局指導主事の立場から紹介します。

学校事務職員を退職して3年、指導主事を辞して11年が経過しました。私が事務研究会役員や指導主事として学校事務の制度改革に直接かかわってきたのは1997年4月から2011年3月までです。事務研究会活動の内容は不十分な事項もあるかと思いますが、私の記録や記憶として残っている内容を列挙しました。

また、指導主事在職中は、他府県の事務職員研修会等に講師として招聘され、事務研究会や京都市教育委員会の取組などを紹介、報告しました。以降では、2014年度京都市立学校事務研究大会シンポジウム「今後の学校事務展望～学校事務職員の歩む道～」をテーマにコーディネーターとして参加させていただきました。

これまで多くの学校事務職員に支えられ、事務研究会役員、指導主事、その後、退職まで勤務した呉竹総合支援学校の事務長として、学校経営の充実に向けて、そして何よりも学校事務職員の資質向上と実践のため微力ながら取り組んできました。

「より良き学校教育は　より良き学校事務から」の原点

事務研究会は、学校事務の在り方を探求し、専門的知識の啓培を目指して研究を行い、複雑多岐をきわめてきた学校事務を組織的系統的に処理しようと1948年4月中学校事務研究会が発足、1949年4月小学校事務研究会が発足、そして、1951年5月にはこれら研究会を発展的に解消し、結成されました。

1951年、事務研究会は、給与や経理事務等に関する事項をまとめた初の労作「学校事務の手びき」を発刊しました。同年11月には「学校事務の手びき」【写真2－1】の編纂、発行に対して学校事務の向上に寄与したことにより京都市教育委員会から表彰されました。その後、京都市教育委員会が引き継ぎ発行し、加除式（千数百頁）となり全校で利用されていました。

写真２－１　学校事務の手びき

1952年、義務制学校を含めた全国組織である近畿並びに全国公立学校事務職員協会に加入し、全国的な学校事務研究に参加する機会を得ることになりました。その後、1958年、全国公立小中学校事務職員研究協議会が発足し、1968年、全国公立小中学校事務職員研究会（全事研）が誕生し、継続的に加入して活動を続けています。さらに、同年、近畿公立小中学校連絡会が発足し、１９９０（平成２）年には、近畿公立小中学校事務職員研究会（近事研）として結成されました。近畿の事務職員とともに学校事務の研究等を進めました。

１９６４年、事務研究会は学校事務を単に日々の事務処理からだけで見ることなく、教育との関係の中で捉え、特に学校予算・執行については、その役割が大きいことを掲げています。また、実務講座を頻繁に開き、実務に即した自己研修をやっていくことや、情報を発信するため「会報」を数多く発出し、会員との連携を図っていく等の研究会活動が展開されました。

１９６７年、このころより「職務範囲の確立」について取り組みました。以後、事務研究会は職の確立、学校事務、学校財政等について研究と実践を進めました。「雑務排除」「サービス域からの解放」のアピールをもとに「仕事をはっきりさせる」という当初の素朴な思いは、今日の「教育を推進する学校事務の果たす役割」を考えるきっかけに至りました。

また、保護者負担軽減対策の本格化に伴い、学校経常運営費の増額により、年間計画の予算執行決算に関する的確な事務処理と情報管理のための専用スペースの確保を考え、急速に事務室設置の機運が高まり、事務室設置校が増加し、その後ほぼ全校に設置されました。

１９６８年、学校事務の研究、事務職員制度の確立、会員の資質及び社会的地位の向上、そして教育の推進を目的として義務制学校事務職員の全国的な研究組織である全国公立小中学校事務職員研究会が結成されました。

写真２－２　京都大会

翌１９６９年８月、第１回全国公立小中学校事務研究大会が京都市で開催され【写真２－２】、「よりよき教育はよりよき学校事務から」の大会テーマが、本市事務研究会のメインスローガンのもととなり、今日もその理念を引き継ぎ、研究実践が続けられています。

樋爪良紀氏（元事務研究会会長、初代京都市教育委員会指導主事）は、現在の事務研究会のスローガン「より良き学校教育は、より良き学校事務から」の原点について、「第１回全国公立小中学校事務研究大会を京都市で開催したときどのようなテーマがよいのか、当時の事務研役員とともに随分考えた結果、基本的には事務活動が学校を動かしているという思いから、当時は手前みそ的なイメージだったのですが、今日的な学校事務の要請からも真剣に学校事務を表現した素晴らしいテーマではと自負しています」と述べられています（１９９８年度創立50周年誌「研究の歩み」掲載。『学校事務』元編集長山口克夫氏との座談会にて）。

事務職員・事務員の職務内容がはっきりしていないという理由から長年、研修を受ける機会も与えられず、それでも仕事はこなしていかなければならなかった会員の苦しみや悩みが事務研究会に結集され、研修制度の要求実現に向けた取組が推進されました。

１９７３年、学校事務環境の変化に伴い「考える学校事務」を模索する事務研究会は、その一環として事務職員・事務員の研修について「研修計画」（案）を作成し、京都市教育長宛に要望書を提出しました。これを受け、翌１９７４年、京都市教育委員会は初任者研修をスタートしました。事務研究会と京都市教育委員会との共催になり「実務実践に役立つ研修」「学校運営に関わるものとしての研修」等計画されていきました。関係各課よりの講師はもちろんのこと、事務研究会会員が講師となり実務に即した研修になりました。

さらに、１９７６年度より新規独立者研修会が始まりました。3年から5年間は複数配置校に勤務後、1名で勤務する学校へと異動します。初めて1名で勤務する事務職員を対象に、新規独立者として責任ある事務をスムーズに実施できるよう研修が開催されました。

１９７8年11月、こうした研修活動が評価され、事務研究会は京都市教育委員会から業績表彰を受けました。その後、教養講座・育成学級設置校の経理事務に対する研修、ＯＡを取り入れた実務講座、さらに管理職との合同研修会の実施を経て、１９８2年には選択研修が実施されました。他府県、他都市ではあまり例を見ない選択講座の実施と教養講座の実現です。本人の希望に沿った講座をその意志で選択できる、成果が自己啓発に負うところが多く非常に大きな利点があります。また、実務とかけ離れた話題も取り入れ、教育現場に従事する事務職員がその人格形成のうえで多様な教養を身につけることは非常に重要なことでした。それらの研修も実施されていきました。

1984年、当時の事務研究会長樋爪良紀氏が京都市教育研究所の所員（兼務）となり、「学校事務職員の職務の明確化及び研修体系確立のための調査研究―学校運営の活性化のために―」（京都市教育研究所1985年3月刊）、「学校事務職員の職務の明確化及び研修体系確立のための調査研究―主として研修体系に関する考察と提言―」、「学校事務職員の研修体系確立のためのアプローチ―プランニングのための試案として―」（同研究所1986年3月刊）以上の研究報告書にまとめ、その後の事務職員研修体系が確立されました。学校における事務をすべて一覧表にして、各事務項目を領域にまとめ、経験年数に応じた到達目標を明示して、必要な研修内容が提言されています。今日の研修企画のベースになっています。

事務研究会が現在も大切にしているスローガン「より良き学校教育は、より良き学校事務から」は、学校教育活動が学校の組織目標を達成していくためには事務の働きが必要で不可欠であり、学校経営を円滑に推進するための管理手段が学校事務であるといわれていることから、事務職員が大きな役割を担っているという思いが託されています。

全国初の学校事務の指導主事の設置

1986年11月、樋爪良紀氏は京都市立永松記念教育センター発足とともに同所指導室指導主事になりました。全国的にも初めての事務職員出身の指導主事です。その後、近畿圏の他の県・市でも指導主事等が誕生していきました。教育委員会内に学校事務職員の経験をもった指導主事が置かれ、研修制度の充実及び学校運営組織の活性化と学校事務機能の充実が図られてきました。

永松記念教育センターは、2003年4月に政令指定都市初のカリキュラム開発支援センターが設置されるとともに、「京都市総合教育センター」と名称も変更になり、京都市立学校・幼稚園や教職員の教育活動を支援し、教職員の意識改革と資質・実践的力量の向上を図るための総合的な教育機関として発展しています。学校事務職員の経験のある指導主事が誕生し、学校事務の分野にも、指導主事として学校訪問指導を実施するなど、教科ごとの学習指導だけでなく、全国に先駆けた今日の学校事務における指導主事制度となりました。

私が着任していた当時の指導主事の職務は、学校運営組織の活性化と事務機能の充実を基本に、次のとおりでした。

(1)「学校事務」を通して管理職及び教員への指導及び助言

○学校訪問指導（主に学校経理指導を通して改善を図る）

○新任管理職研修会　○教頭・教務主任課題別研修講座

○事務長研修会　○管理職と事務職員の合同研修会（自主研修）　など

(2)教育委員会及び学校での事務改善にむけての調整

○学校事務の改善及び効率化への調整・実施

○教育委員会事務局関係各課との相談及び助言　○事務研究会、事務長会の窓口　など

(3)事務職員研修の計画・立案・実施

指導主事として、学校管理職に対しては、学校事務の理解を一層深めるとともに、学校事務を通した学校における事務組織の確立と教育組織との連携を推進するために、支援、指導・助言を行いました。さらに、事務職員には学校事務の改善と効率を図る電算導入の目的を明確にするため研修を実施しました。指導主事のミッションとしての上記の働きかけは、学校経営の質を高めるとともに、研修成果を生かせる力となりました。

明日を担う指導者の育成——研修指導員の設置

さらに、1990年度より学校事務の研修指導員が設置されました。研修指導員は、事務職員の資質向上を図り、事務職員研修の内容の充実と事務研究会活動の活性化を目的として設置され、さらに事務職員の明日を担う指導者層の養成も兼ねています。

研修指導員は、指導主事と連携を図りつつ、以下の職務を行います。

(1)教育委員会が主催する事務職員研修の内容の充実を図るための調査及び研究

(2)事務職員研修における実践発表、指導助言等

(3)事務研究会の活性化のための研究、協議等

(4)事務研究会自主研修会推進のための協議等

(5)事務職員の資質向上及び実践の向上に関すること

研修会は研修指導員制度を運用して、共催研修と自主研修を推進するための取組を行っています。また、指導主事による研修指導員会議を開催し、研修の企画、実施等について協議しています。なお、研修指導員は、小学校・中学校・総合支援学校等から（各校種から最低1名）選出して、教育長から研修指導員の委嘱発令を受けています。これは、学校現場の実態により即した研修内容とすることが主なねらいでした。

研修指導員は、所属校においても事務職員として学校経営に参画するとともに学校長の経営ビジョンのもとで、学校教育目標を達成するために児童生徒の豊かな学びと育ちを支援する教育条件・環境整備を教職員との連携、協働により実践していました。これらの取組も研修で報告して、各校の実践へとつなげていました。さらに、事務研究会役員として、会員の要望を集約し、研究会活動をリードする役割を果たしていました。

京都市立学校における事務職員研修体系――教育委員会職員と協働して進める研修

このように、学校運営における事務職員の確立を目指した研修に対する意義について考えてきた長年の事務研究会の取組が、指導主事を配置させ、現在のような研修制度を生んでいます。研修体系の基本的な考え方は、事務職員の資質向上を図り、教育の充実発展を目指すとともに、学校運営を活性化することです。あわせて事務職員の役割の明確化と実践への訓練システムの体系確立を志向してきました。事務職員の資質向上への取組は、研修のカリキュラム化・制度化へとつながっていきました。

〈研修体系〉（参考：２００４～２０１１年度。なお現在、（２）は（１）に統合し内容充実を図っている）

（１）教育委員会が主催する研修

（２）事務研究会と京都市教育委員会が共催する研修

既に事務研究会と共催で行われている総合教育センターでの直営研修は、全市的な視野で捉え、広範な立場から多様なニーズに応えて、その要望やねらいが計画されています。

（３）校内での研修

校内研修会、教育課題等の理解及び学校事務に関する教職員への周知や啓発、連携を図る共通理解の場。複数配置校相互研修（ＯＪＴ）

（４）事務研究会の自主研修会【写真２－３】

事務研究会は、研修部が中心となり、事務職員の要求によりきめ細かく応え、職場での実践がよりスムーズに進められるよう、具体的な課題や資料をもちより、相互援助・相互啓発・情報交換等を交えながら様々な形態（自己研鑽・支部研修・校内教職員研修など）の研修会（自主研修）を実施してきました。

写真２－３　自主研修会

〈研修カリキュラム〉

京都市では事務職員研修として先に記したとおり教育委員会が主催する研修会と事務研究会との共催研修会を実施してきました。

(ア)新規採用研修　(イ)経験年次別研修　(ウ)昇任時研修
(エ)補職名による研修　(オ)選択研修　(カ)教養研修
(キ)人権研修　(ク)教育課題研修
(ケ)特別研修　事務状況に対応する研修（電算導入等研修）　※現在、一部内容変更。

右記の研修カリキュラムは、事務職員の経験年数等に即して、研修内容、目的、テーマを一覧化し、いつ、どのように実施するか、明確にしました。そして、研修プログラムは、研修テーマで整理された研修内容を、どのような研修形態で行うか具体化しました。事務職員の資質向上を図る研修は、事務職員にとって最も効果のある有用な内容であり、また、教育委員会として必要な内容とするために、指導主事が関係各課との調整を図り、開催していきました。

指導主事は、先ずは研修名、テーマ、目的を設定します。次に、当時の関係課である調査課学校経理係、就学援助係、教職員人事課、教職員給与課、体育健康教育室など（現在学校経理係、教職員給与課は学校事務支援室へ移管されています）に、必要な時期に、タイムリーな目的に応じた、研修講師を依頼します。私も、教育委員会各課の係員等担当の皆さんと多くの打ち合わせを行いましたが、担当の皆さんには研修内容の充実、目的達成に向け、講師をはじめ、研修プログラム作りなど多くの時間を割いて尽力いただきました。教育委員会担当者にとっても、事務職員の受講等を通し、学校現場の事務内容の現状等を理解する、また、教育委員会の取組を伝達していく機会になりました。

教育委員会と協働して実施していることが、京都市の研修の大きな特徴であり、強みであると考えます。

事務研究会の活動とともに

事務研究会は、「学校事務の研究、執務能率の増進等、学校事務担当者として職責を完遂すべき教養の向上、会員相互及び他の研究会との連携親睦を図る」ことを目的として、小学校・中学校・小中学校、総合支援学校に勤務する事務職員で組織された研究会です。京都市の行政区別に支部（現在17支部）を設け、全会員が支部に属し様々な問題を討議し、テーマに基づいた研究・研修や交流を行っています。支部から幹事を選出し、本部の議案、各支部から提案された事業について審議し、決定事項を支部へ伝達します。専門的事項の継続的推進のために研究部、研修部と研究会業務を遂行するため事務局が設けられています（２０２３年度からは研究部、研修部が研究開発部として統合）。

私は1979年に京都市立学校事務員として採用され中学校へ赴任、1年後に小学校、以後は養護学校・特別支援学校（現在の総合支援学校）で勤務しました。1992年度に自身が中心になって養護学校事務研究会（養護学校校長会傘下）を発足させ、就学奨励費事務の効率化と全市統一化を図るため就学奨励費段階決定ソフト、支給ソフトを作成しました。また、これらソフトの使用にあたって、所管局に交渉・調整し、その後承認を得て全市立の養護学校で運用を開始することができました。

事務研究会の役員では、1997年度から2003年度まで研究副部長、副会長兼事務局長として活動しました。

そのころ、全市の事務職員（臨時任用も含む）に占める事務研究会会員の組織率は約60％でした。事務職員の新規採用はなく、毎年多くの事務職員が定年退職したため、正規事務職員は減少の一途でした。

私が研究副部長の2年目にあたる1998年5月、渡守美津代氏が事務研究会長として就任しました。自分たちの職が失われていくのではないかという危機感の中、「職の指定」を目指していくこと、そして、落ち込んでいた組織率を上げていくことを活動の柱として設定しました。

まず同会の事務局では運営の効率化等を図り会費の値下げを行いました。そして自身が発案して、学校事務職員制度や全国的な学校事務の状況を学ぶために大学の研究者や全国で活動されている学校事務職員を講師に招聘した学習会「京都市学校事務セミナー」を新たに開催しました。

「研究」と「情勢」の2本立てで企画し、本書出版にご助力いただきました川崎雅和氏（当時東京都学校事務職員）などをお招きし全国的な情勢を知ることができ、振り返ってもとても学び多く面白いセミナーでした。

また、学校事務の電算化に対する事務職員アンケートでは、「業務形態の変化や操作に不安がある。校内では経理執行体制に不安がある」という回答が一番多くありました。電算化を控えて設置されたＯＡ委員会では、現在教育委員会内で構築された校内予算管理システムの前身となる「学校運営費管理ソフト」等を作成して全校に配布するとともに操作研修会の開催など習得のサポートにあたりました。また研修部は校内経理執行体制の確立に向けた各校の実践例による研修の実施や実務の研修冊子を発行しました。

さらに、研究部は支部会へ参加して会員と議論しながら「学校財務事務取扱要綱の制定」の研究を進めたほか、事務局では、これら取組等に関する会報を数多く発行し、未加入事務職員や学校長にもお知らせしました。また、研究会内に学校経理体制確立プロジェクト委員会を設置し各専門部の取組状況を共有しながら円滑に展開できる体制を整備しました。

このように各専門部が連携して、気概を持ってそれぞれの役割を発揮し取組を進めていくことで、研究会組織が活性化しました。そしてこうした動き・取組は、未加入者にとっても身近な存在となり、毎年入会者が増加していきました。また研究会の各支部会も新たな会員を加え活性化し、好循環が図られました。

結果、財務の電算化を目前にして組織率は約80％（２００４年当時）まで回復しました。このように、大きな目標を立て進めていくことで組織が活性化し、組織率も大きく回復・向上しました。

また、全員一丸となって取り組んだ「学校財務事務取扱要綱」案の作成をはじめ、「職の指定」を目指したこれら研究取組は、以降の学校財務運営における事務職員の果たす役割や職務内容の明確化、事務職員の学校経営への参画へ大きく寄与したのではないかと思います。

２００４年度以降の学校事務の変革とそれに対応した研修の再構築

２００４年４月から２０１１年３月までの7年間は京都市総合教育センター指導主事（教育委員会総務部調査課指導主事兼職）として勤務しました。時を同じくして、京都市では、財務会計システムの導入や予算執行における学校裁量権の拡大など、行政業務を効率化し学校での教育効果を最大限に高めるため、多くの制度やシステム構築を行ってきました（第3章以下参照）。

それに伴い、学校事務職員の役割や標準職務の確立を図る制度も進められました。私が指導主事として着任して以降、事務職員の学びの中心となる教育委員会の指名研修は、こうした電算化や学校財務マネジメント等に対応した内容に見直し、研修計画を再構築しました。

具体的には、

(1)財務、人事給与事務の電算化に伴う各システム操作の習得と習熟

(2)財務・給与・旅費制度や事務処理の変更・改正等に伴う基本的な事務制度の理解
(3)学校裁量による予算のさらなる有効活用を図るための新たな制度等の理解と運用
(4)預り金システム導入へ向けた事務の理解とシステム操作の習得
(5)学校財務運営における力量の向上
(6)学校経営参画を図る力量の向上
(7)新規事務職員等育成指導にかかる研修

を目的にして、研修回数も大幅に増やして実施してきました。

学校事務職員出身の指導主事として
——何よりも学校事務職員の資質向上と実践のために

学校に導入される電算システムの研修に対して学校事務職員出身の指導主事が企画することによる効果は、学校現場の事務職員の状況を把握、理解していることから、「すべての事務職員がシステムを理解して操作ができる研修内容の提案」や「スムーズに稼働するために教育委員会各課に対する学校及び事務職員支援と連携の調整」ができたことです。

事務職員研修においても研修計画の立案は、まず総合教育センター企画研修担当に研修目的、必要性、具体の内容等を起案して、説明します。例えば各システム導入研修では、午前・午後を事務職員受講として、夜間は教頭受講にしたことで、当初研修会が多いのではないかといった質問もありましたが、決裁にあたっては、学校事務処理が電算化し、全校で稼働しなければならないこと、また受講者の習熟度に差があり、理解するためには研修を一人3回実施したいことを訴えました。開催決定後は、企画研修担当をはじめ関係課（調査課学校経理係、教職員人事課、教職員給与課）での受講に関する事務手続き、研修内容等の協力があり、多くの研修が開催できました。

余談になりますが、私が企画した研修で一番多い年度では、年間131回（1日午前・午後・夜間、1講座3時間）でした。財務システム等研修会では、調査課学校経理担当者と午後9時に研修終了後、サーバーをリセットして午後10時頃会場を出て、帰路に就いたことを思い出します。

～職務内容明確化と学校経営参画の推進～

各電算システムの導入を契機に、事務職員の学校経営参画を進めたいと考えました。具体的には、(1)職務内容の明確化を目指して研究、実践してきた事務研究会の取組の成果として、教育委員会が「学校財務事務取扱要綱」を制定すること、(2)それらの運用をはじめとして、学校事務にかかる諸制度の活用を促し、事務職員が学校経営に参画するとともにモチベーションを保ちながら仕事に取り組むことを目指しました。事務局担当者と連携しながら、研修や学校訪問等を通じて、要綱に基づく学校経営への参画を促しました。

～臨時的任用職員等の育成指導の取組～

1995年度から新規事務職員の採用が無く、事務職員の補充は臨時的任用職員が採用され、学校に配置されていました。配置された臨時的任用職員には、近隣校の事務職員や経験年数がある事務職員が該当学校の事務支援を行っている状況でした。学校事務の支援体制等を明確にするため、２００９年度には教育委員会要綱により学校事務支援指導員制度が設立されました。学校事務の適正かつ円滑な執行、事務処理体制の確立及び事務機能の強化を図るとともに、新規採用学校事務職員等への事務の支援及び指導を果たすための制度です。初年度は、事務職員の中から約10名に学校事務支援指導員を委嘱して指導主事、教職員人事課人事主事等と連携し支援を行いました。採用が再開された２０１０年度の新規事務職員採用者は基本この学校事務支援指導員校へ配置され、育成指導を行いました。

～学校への訪問指導～

学校財務の改革が進められる中、事務研究会の各支部会でも研修会が、調査課学校経理係支部担当職員を講師として招いて行われました。教育委員会の担当職員も、各学校現場の事務職員から直接学校経理の現状や課題等の意見交換を通して情報を共有することができます。このように、教育委員会職員と学校現場の事務職員とがともに研修する場となり、学校経理事務を協議、連携するよい機会ともなっていました。

さらに、指導主事の私と教育委員会調査課学校経理係職員で学校経理事務の点検を行うとともに適正な経理事務についての指導を目的に学校訪問をしていました。事務職員からは日常の経理事務状況、関係簿冊の点検、指導を、管理職である校長、教頭からも「学校経理の日」の実施や内容等を聴取して、学校経理事務の執行体制を指導、支援していました。

おわりに

最後になりますが、京都市立学校における学校事務改革の特徴は次のとおりと考えます。

(1)長年にわたり事務研究会が事務職員の役割を追求し、事務研究や実践的な研修を実施してきたこと

(2)結果、全国に先駆けて学校事務職員から指導主事が誕生して、研修はもとより教育委員会各課と連携して学校事務の確立や学校事務に関する支援ができたこと

(3)教育委員会事務局調査課学校経理係をはじめ関係課が学校事務や学校事務職員を支援する多くの制度を立案し、先進的に実行してきたこと

教育改革の展開を見据え、学校事務の効率化と学校間連携、学校財務マネジメントの確立など、子どもたちの豊かな育ちと学びを推進していくための事務職員の専門的力量形成を図る研修計画の立案が求められています。そんな中、「教育課題研修」では、「教職員の意識改革と地域ぐるみの学校づくり」「学校財務事務取扱要綱と学校経営参画」「学校教育における共同実施の役割―学校間連携の視点から―」「新しい時代の財務運営を目指して」などをテーマに研修を実施してきました。

学校における財務運営の基本指針となる「学校財務事務取扱要綱」が施行され、財務運営にお

ける校長及び事務職員などの責務が明確化されました。事務職員は、財務事務担当者として、財務事務をつかさどる役割を果たすとともに、校内での執行体制を確立するうえで、教職員との連携を図るための中心的な役割を担わなければなりません。厳しい財政状況のもと、予算をいかに効率的・効果的に執行し、子どもたちの教育に生かしていくのかということはもとより、教育活動とのかかわりの中で、他の教職員との連携を深めつつ、どのような場面で、どのような実践を行いながら、教育活動を価値あるものに高めていくか、という働きかけが重要となります。校長の学校経営方針やビジョンを理解し、とりわけ行政職の立場から学校財務について予算の策定から執行、評価、改善に至るまでのすべてのプロセスに参画しなければなりません。今後、学校経営の質を高めるための学校事務の確立に向けた、一層の自主的・主体的研修意欲に基づく不断の努力や意識改革とともに、事務研究会と連携しつつ、事務職員研修の充実が求められています。

さらには、学校事務職員の標準職務遂行とともに、京都方式である学校事務の学校間連携の目指す体制[1]を担うべき事務職員としての学校経営参画力、学校財務運営力などの向上を図る研修が引き続き重要であると考えます。

(1)「学校事務職員を学校経営の中核的職員として位置づけ、中学校区単位で地域課題の共有を行い、事務職員がチームとして連携・協働することにより地域密着型の学校事務の体制強化を図っていく」

京都市の財務制度活用 実践編｜2

学校予算キャリー制度

校内予算管理システム

申請の照会

申請内容を確認して下さい。

・[戻る]ボタンを押すと、一覧画面に戻ります。

戻る

学校予算キャリー制度【3年度予算の引上げ】

小学校運営費

費目名	申請金額	執行責任額
報償費		141,856
需用費	-200,000	31,744
旅費		
光熱水費		-44,680
役務費		
通信運搬費		-47,903
保険料		
委託料		
使用料及び賃借料		850
備品購入費		
合計	-200,000	

学校予算キャリー制度とは、今年度予算の執行見込を精査し残額があり、その残額を翌年度に執行（繰越）したい場合に申請できる制度です。

用途などの審査後、20万円（2022年度実績）を上限に予算を翌年度に繰り越すことができます。

申請は、校内予算管理システムから行うことができます。

▶制度の創設についての詳細は、第3章（P66～91）を参照。

こんな風に活用しています！

今年度、理科室の実験台の天板を取り換える工事をしたかったけど、あと少し予算が足りなくてできなかったんだよね…

今年の修繕費と、来年の修繕費を合算して、実施できないかなぁ。経理の日で相談してみよう。

相談の結果、20万円をキャリー

実験台天板取替工事

工事費用 480,000円

前年度からの繰越200,000円と、今年度予算280,000円を合算して捻出！

子どもたちがいつでも本を手に取れるよう、各クラスにブックトラックを置きたいのだけれど、可能かしら？

そうですね…
今年度の予算だけでは難しいですが、キャリーして次年度予算と合わせたらできそうです。

予算残額15万円をキャリー

ブックトラック整備

購入費用 400,000円

前年度からの繰越150,000円と、今年度予算250,000円を合算して捻出！

第3章

京都市の学校財務制度改革

京都市教育委員会事務局　総務部担当部長
兼　学校事務支援室長
有澤　重誠

本章では、本市の学校財務にかかる大きな転換となった2004年度以降の取組・諸制度について、当時担当した教育委員会事務局職員から、導入にかかる経緯・プロセスなどを紹介します。

二つのミッション

2004年3月下旬、私は調査課の学校経理係長の内示を受けました。赴任にあたってのミッションは、大きく二つありました。一つが、2割カットされた学校経常運営費の効率的・効果的な予算執行、もう一つが1年後に稼働を迎える財務会計システム、それに伴う資金前渡の見直しと基本払いへの円滑な移行でした。内示を受けたときは、公務員生活で忘れることができないような困難が待ち受けているとは想像もしていませんでした。

現状・課題を自分事として捉え、行動する

学校の教育活動を行ううえで必要となる教材や備品、修繕などにかかる予算である、学校経常運営費が、赴任年度の当初予算、前年度比で2割カットとなりました。本市では2021年度から「集中改革期間」として行財政改革を進めていますが、折しも、当時も2001年に財政の非常事態宣言が出されるなど、聖域なき予算の見直し・削減が図られているところでした。

総務課の計理担当として学校経常運営費にかかる財政当局との予算折衝や会計室との出納事務調整などに2年間携わっていたこともあって、ある程度業務内容は理解しているつもりでした

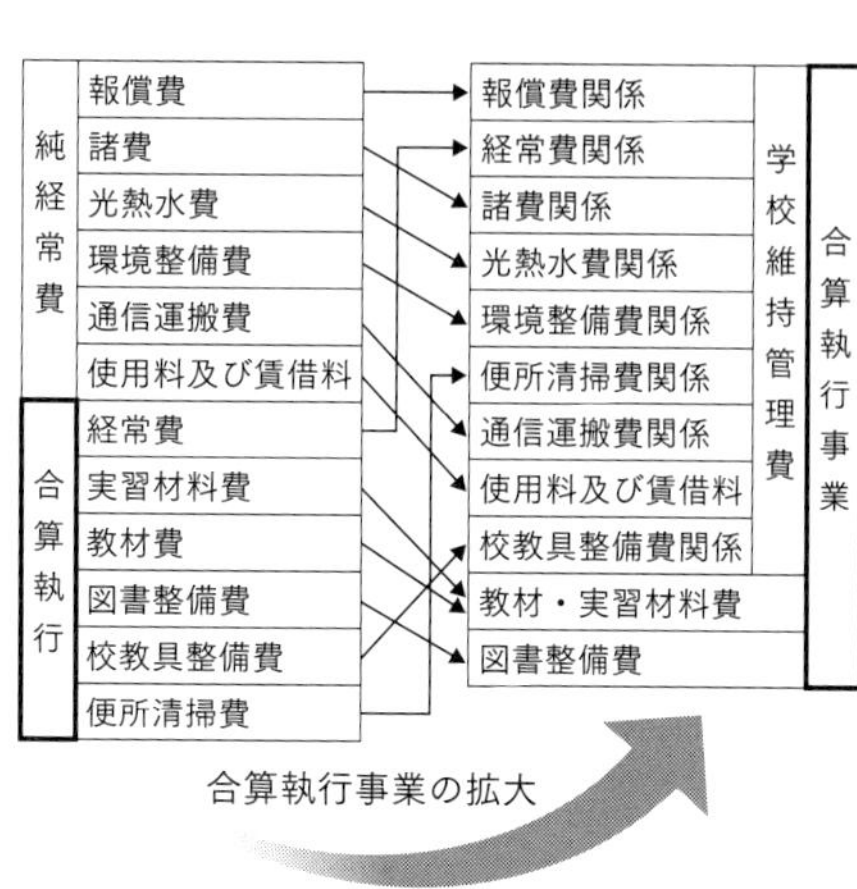

図表3-1　合算執行制度

が、2割カットされた状態で引き継ぐとは思いもよりませんでした。

異動してすぐに、問題が発生しました。学校へ配分する当初予算の決裁が止まったのです。当初予算として、図書整備費を0円で計画している学校が軒並み生じていることの指摘でした。

本市では、2004年度から、学校の裁量で予算額を決めることができる合算執行【図表3-1】を光熱水費をはじめすべての事業において拡大、いわゆる総額裁量予算制度を導入しました。また、あわせて、各事業の予算計画（本市では「試算書」という）を、年度当初から前倒しして前年度中に学校で作成し、3月に教育委員会へ提出することにしました。教育委員会は学校から提出された試算書に基づき、翌4月に学校に予算配分を行うわけですが、その決裁を担当者が上局に持ちまわっている最中のことでした。

では、なぜ学校では図書整備費を0円で計画したのか。まず考えられる要因の一つは、他事業同様光熱水費も2割カットされているため、前年度ベースの学校予算の半数を占める光熱水費の予算を確保するためには、光熱水費以外の予算を4割削減する必要があったからです。また、こうした図書整備費の予算計画の少ない学校においては、傾向として図書室が活用されていない状況にありました。学校指導課の首席指導主事（元校長）に図書整備費を各校が軒並み減らしてきたことについて相談したところ、「図書室を利用していない学校にとっては図書整備費を減らすのは当たり前のこと。蔵書管理が大変で図書室を利用できる環境にない学校はたくさんあるはず」とのことでした。調べてみると、文部科学省が定める学校図書館図書標準冊数が数字上は200％を超えている学校も見受けられましたが、その実態は、使用に耐えない図書や資料が古く活用できない図書も多く含まれ、長年廃棄されておらず、活用できる状態ではなかったのです。こうした学校においては、当然、図書整備費を有効に活用できる状況にないことから優先順位が低くなってしまったものと考えます。さらに、学校は約1万冊の図書を有していますが、日々の図書室の整理整頓・蔵書管理を、授業などで多忙な先生方が、手書きの図書台帳をもとにして行っていくことは、大変困難でした。

一方、図書室は子どもたちの学習環境のためには必要不可欠な施設であり、子どもたちが日々利活用できる環境を整備・維持する必要があります。また、当時、学力向上の基幹施設とするべく、図書室をリニューアルし、蔵書管理の電算化を図っていく学校も出てきました。

こうした動きに着眼し、図書室の日々の管理運営を円滑に行えるようにすることが改善の第一歩と考え、まずは、全校の図書室で蔵書管理する図書台帳を電算化し、日々の蔵書管理が負担なくできる環境を整えることに着手しました。

早速その秋に予算要求し、上局、財政当局、議会等の承認を得て、次年度から3年計画で全校の図書室の電算システム（図書ナビゲーションシステム）を導入するための予算を獲得することができました。このシステムは、貸出・返却の際に図書に貼り付けたバーコードをバーコード機で読み取ることで図書台帳が自動記帳される仕組みとなっており、台帳への手書きの記帳が不要となるなど事務作業が大幅に軽減されるとともに、蔵書の貸出状況が容易に把握できるようになりました（２００７年度全校整備完了）。

また、上記整備とあわせて、図書整備費については、子どもたちの学びに直結する重要な予算であることから、翌年度（２００５年度）の予算からは下限額を設け、蔵書の充実を図りました。その後、教育委員会所管課において、図書ラベルの貼替や補修、書架のレイアウトの見直し、日本十進分類法による配列の並び替えなどを行う「学校図書館大改造【ビフォア・アフター】」（２０１４年度完了）や、京都市地域産材「みやこ杣木（そまぎ）」を使用した閲覧机・椅子、書架等木材製品の整備（２０１９年度完了）などを行い、現在は、読書センター・学習センターとして、子どもたちが日々図書室を利用できる環境が全校で整っています。

後で振り返ってみると、図書ナビゲーションシステムの導入や図書整備費の下限額設定などの改革のために動いたときは、誰かに指示を受けて行動したのではなく、目の前にある課題を自分事として捉えて、改善を図っていく、学校をよくしていく、そのことしか頭にはありませんでした。学校経常運営費の2割カット、総額裁量予算制度の導入が、結果として現状の課題を浮き彫りにし、その現状・課題を放置せず思い切ってアクションを起こしたことが、活用されていない図書室を学びの中核的な施設として生まれ変わらせるきっかけになったと思います。

このように図書整備費にかかる課題は改善されましたが、大幅に予算削減された中で、どのように必要な予算を確保し、学校での教育活動を支障なく行うのか、という喫緊の課題は依然残っていました。特に光熱水費は、学校予算の約半分を占め、削減することでの影響額が大きいため、改善に向けて着手することが必要不可欠でした。

当時、学校では光熱水費は不足があれば都度充当されるため、使用量を気にすることなく使用できる状況にありました。このため、電気や冷暖房の消し忘れなど、少なからず不要不急でない使用もあり、節電・節水に対する意識も今ほど高い状況ではなかったと思われます。

折しも本市は、ＣＯＰ３開催、京都議定書締結都市として、環境をより身近な問題として捉え、児童・生徒・教職員の環境教育の一層の高揚を図り、学校・家庭・地域が一体となって積極的に推進する、「環境宣言」の策定を当時（２００５年度）各校で進めていました。

そこで、「環境宣言」にあわせて、環境教育の一環として節電・節水の意識・行動を進めていくことが重要であると考えました。また、単に意識高揚を図るだけでなく、それを補完する設備を整えました。それが、学校の手洗い場の水道の蛇口内部に専用機器を取り付け、水勢を維持しつつ水量を調整し節水する機器の設置と、受電設備に専用メーターを設置し、電気の使用状況をリアルタイムで確認できるとともに、30分単位の電力使用の最大値を抑制し、基本料金の削減も目指す電力監視測定器の設置です。当時、節水・節電の機運の高まりもあり、これらの設置に関して業者等から提案を受けていました。提案当初は、本当に削減ができるのか疑心暗鬼ではありましたが、まずは案ずるより生むが易しで、数校の学校にお願いして設置し試行してみました。すると、提案どおりの削減効果が表れたのです。その後も試行を重ねながら、2006年度には全校園に整備が完了しました。こうした設備や日々の児童生徒・教職員の行動・実践、さらには、電力の自由化に伴い電力入札[1]を行うこと等で、設備設置や入札以前と比較して、最大で約5億円もの予算削減[2]が図れました。

このように、教育活動の一環として取り組んだこと、そのために必要な設備の整備を行ったことが、光熱水費削減の直接的な要因ですが、当時の施策を踏まえつつ他者からの提案をまずは試して行動・実践に移したことで、上記効果をもたらすことにつながったのではないかと考えます。

良策は、時を待たずに行動する

また、こうした予算執行の削減策とともに、総額裁量予算制度をいかに有効に活用していくのかということも求められました。本件も同制度を導入した当初6月頃に、当時の小学校の校長会長から教育長（現市長）に向けて、学校に配分された光熱水費などの予算が余ったらそのまま返さないといけないが、これだけ財政が厳しい中、何とか年度中にその余剰額を他の事業に使えないかという提案・要望がありました。

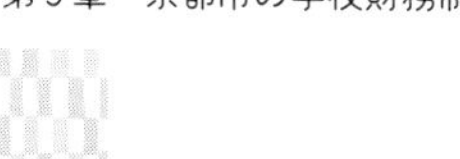

予算は、支出する目的や性質別に区分されており、原則、その区分の範囲内で執行することが定められています。一方、学校の経常運営費は、学校ごとに予算化されているのではなく、小学校なら、京都市立小学校全校分の予算として、議会の承認を得て、計上されています。したがって、ある学校で区分を超えても、全体として区分を超えなければ執行は可能というわけです。具体的にいえば、仮に消耗品の区分にあたる需用費が10万円不足しても、他校で10万円の需用費が余れば、不足する学校へその予算を渡すことができます。こうした学校間の調整、マネジメントは、学校への予算配分を行う教育委員会が行うこととなりますが、これまでは、学校間の過不足が必ずしも合致するわけではないことから、区分を超えた予算執行を制度化することには二の足を踏んでいたものと考えます。

一方、校長会長が要望したように、学校で創意工夫しながら予算削減しても当該年度内にその努力が還元されなければ、学校裁量を生かすために制度化した総額裁量予算制度の導入の意義が薄れてしまいます。

こうしたことを踏まえ、我々担当と局の財政担当である計理担当で相談・協議し、不測の事態に備え一部留保している予算を活用することで、学校からの申請に基づき年度中の学校間の区分の調整を行うことを実現化しました。この区分の調整は、予算費目（節・細節）の調整であることから「費目調整」と命名し、早速翌7月から運用を開始しました。以降各校では、例えば余剰が出た光熱水費を緊急に必要になった修繕のための需用費に振り替える、講演の延期等により不要となった講師の謝礼金（報償費）を予想以上に必要となった行事の消耗品（需用費）に充てるなど、効果的な予算執行を図っています。

この費目調整について、他都市ではなかなか実現することが難しいと耳にします。京都市は小学校150校以上を有しており、学校数が多いことでやり繰りのための資金調達をしやすいことの他、2005年度からは、公金会計の電算化（財務会計システム）により、電子上で容易に費目の調整ができるようになったことで、教育委員会・学校ともに正確な管理運用が容易になり、事務負担の軽減が図れたことも、現在まで円滑に運用できている要因ではないかと考えます。

後日、要望を聞き取って早速実現してもらったと、校長会長からお礼があった旨教育長から連絡をいただいたことは今でも鮮明に覚えています。現場の要望にスピーディーに応えることが重要であるということをあらためて意識する機会となりました。

長年の業務を変えていく——電算化へ

次は、ミッションの二つ目、財務会計システムの稼働、それに伴う資金前渡の見直しと基本払いへの移行についてです。

本市の学校経常運営費は長年にわたり、資金前渡払い、要するに業者等に対して現金で支払いを行ってきました。年間1千万円以上もの学校経常運営費の全額現金払いは、銀行への出入金の手間や道中の紛失などによる事故のリスク、また、出入金のたびに手作業で現金出納簿に記帳す

るといった現金管理にかかる事務作業など、大変時間を要するものでした。また、学校への資金前渡は、当時2か月に1回（年に6回）、各期に精算処理を行っていました。学校で作成された精算書を教育委員会の担当者が確認し、京都市の出納機関である会計室に提出するわけですが、全校分の年間の精算書を集めると相当の分量がありました。この長年の資金前渡から、財務会計事務の電算化を機に、書面（支出命令書）を通して京都市の出納機関から業者等の預金口座に入金される基本払いへの見直しを行うまでの経過等については、後述の第4章に譲ることとし、この章では電算化を翌年度に控え取り組んだことを中心に述べていきたいと思います。

一番の問題は、長年資金前渡による事務処理を続けてきたため、事務職員の仕事が固定化していたということです。これまでずっとボールペンで紙に記帳、数字管理も電卓で行っていたものから、電算化することで大半はパソコンを使って行うことになるわけですが、なにより、当時の事務職員の方々にとっては、長年慣れ親しんで行ってきた事務作業が初めて変わる経験をする、そのこと自体が大きな変化でした。変化に対応する経験はなく、ましてや、今でこそ会計処理は電算化が当たり前になってきましたが、先進的に取り組んだ都市は別として、当時は全国的にはまだ移行期の最中でした。

翌年度からの電算化に向けて、まずは、事務職員に事務手順の変更を理解してもらうことが必要であり、そのための研修会を実施しました。次に、事務室等にパソコンがなく、基本的な操作に不安のある事務職員を対象にパソコンを貸し出し、操作しての感想をパソコンで入力し文章を作成して提出するといった課題研修を行ったり、実際のシステムの操作を体験する操作研修を実施しました。この財務会計システムでは公金会計の他、物品会計も電算化されたため、操作研修は、物品購入（支出負担行為～支出命令）、公共料金の支払い、物品会計（受入・払出）、歳入事務等の入力の仕方を、3か月間で事務職員は一人あたり3回、教頭・事務長は一人あたり2回行いました。研修場所は、情報教育センター（現学校事務支援室）内の実習室で行いましたが、40人定員のため、全事務職員に研修を行うとなると、1テーマの設定に対し、8回研修を実施する必要がありました。

当初予定していた研修は以上でしたが、これらの内容はあくまで不備なく操作できた場合であって、実際は、操作の不慣れや理解不足、業者等の書類不備などで、システム入力の変更や取消操作などが必要となります。このため、システム稼働開始3か月前から1か月間、各校・園でシステムを操作できる環境を整備するとともに、上記3回の研修での受講者のアンケート結果も踏まえて、希望者に対する追加研修を稼働開始前月の3月に行いました。さらに翌年度にも、各校からの電話の問合せの状況を鑑みての操作研修や、会計事務等の理解を深めるために各支部で行われる教頭・事務職員の合同研修会で講義を行ったり、さらに備品台帳のデータ化に伴う研修会を実施したりして、研修回数はこの2年間で気が付けば累計136回に上りました。200校以上の学校を有する政令指定都市だからこそ、これだけの実施回数になったわけですが、各校一人配置で電話でしか問い合わせることができない事務職員の方々にとっては、必要不可欠なもので

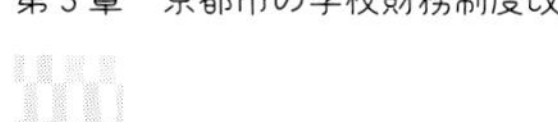

あったと今振り返っても思います。

それまで環境の変化がなかった事務職員にとってもこの電算化を乗り越えることは大変だったと思いますが、そうした環境の変化を求める私たち担当者側も相当の苦労を要することとなりました。一つのことを成し遂げることの困難さや、正しくわかりやすく理解の浸透を図ることの難しさを実感するとともに、他の部署ではなかなかできない経験や課題を乗り越えるためのノウハウを身につけ、充実感・達成感を得ることができたと思います。また、そのことが、事務職員にとっても私たち担当者にとっても今後の仕事に対する姿勢や行動に大きなプラス効果があったのではないかと考えます。

事務作業から財務マネジメントへ、事務職員の業務の質的転換

前述のように、資金前渡による現金払いは、支払事務を中心として日々の負担が大きく、事務職員はその作業にかなりの時間を要していました。また、物品等の購入に際し事前決裁を行う稟議書（支出負担行為書）の作成を、教員が行っているケースもありました。電算化により、支出事務の入力データが支払事務に遷移されるなど合理化・省力化されたことから、事務職員が契約から支払いまですべて端末で行うこととなりました。当初は、システム操作の習得をはじめ業務の変化・移行に苦労があったものの、現金出納簿の記帳や銀行への出入金の手間が大幅に減少し、予算の執行管理も手計算する必要がなくなるなど、事務作業は大きく省力化されました。

また、事務の省略化とともに、前年度のシステム稼働から総額裁量予算制度を導入したことで、どのように創意工夫して予算を効果的・効率的に執行していくか、学校がより主体的に判断するようになりました。すなわち、事務職員の業務の中心は、事務作業から効果的・効率的な予算執行を図る財務マネジメントへ転換され、事務職員の業務の質の転換が図られることとなりました。

一方、京都市では、「学校経理ハンドブック」など事務手順のマニュアル整備などを進めてきましたが、前述のように稟議書の作成者が学校によって異なるなど、学校間で財務運営や財務事務に関する取扱いが異なるという現状がありました。こうした現状や電算化を見据え、学校経理部会[(3)]において、数年かけて今後の財務運営の指針とする要綱の制定に向けて協議を重ねてきました。さらに2004年1月には、事務研究会から長年の研究成果として学校財務事務取扱要綱案が提案され、早期の制定が求められていました。

こうした背景を踏まえ、また、システムの導入により全市共通の財務事務へ移行することを機に、学校財務に関する手続きや運営上の要点をまとめた「京都市学校財務事務取扱要綱」を2004年11月に制定（翌年4月施行）しました。

なお、本要綱の策定にあたっては、当時、市長部局の法規担当から異動してきた担当課長と担当係員が中心に、事務研究会の要綱案も踏まえつつ、以下のような法整備を進めました。

(1)事務職員及び事務員等を「財務事務担当者」に充て、予算から契約、経理、物品、学校預り金まで財務事務全般に従事することとした。

(2)予算委員会の役割を明記し、学校園に設置することとした。

(3)「学校経理の日」を定め、毎月、予算の執行状況や財務運営について点検・確認をすることとした。

(4)小・中・総合支援学校だけでなく、高等学校、幼稚園の財務運営についても対象とした。

(5)要綱の実施に必要な細目や運用方法などは、各校園の実情に応じて、校園長の裁量で柔軟に運用することができるものとした。

また、上記要綱とあわせて、要綱の趣旨を学校に根付かせ、学校現場で実践できるよう、予算委員会、学校経理の日、契約事務の流れのガイドラインを作成しました。

こうした基本指針を定めることにより、財務事務の標準化と適正かつ効果的な財務運営とともに、財務運営における校園長、財務事務担当者の責務を明確化し、学校園経営の責任者である校園長を中心に、教職員がそれぞれの職責を果たし、学校園運営のさらなる充実と組織の活性化を図ることが期待されました。

また、事務職員の採用は、1995年度から凍結されていましたが、事務研究会ではこの要綱の制定を機に、とりわけ学校預り金事務について事務職員が主体となってかかわっていくことで、事務職員が学校になくてはならない存在として職の確立がなされることを期待していました。ただ、制定後の実態は、例えば小学校の預り金会計では、1〜6年の学年会計、4・5年の宿泊学習会計、6年の修学旅行会計などあわせて9会計以上の管理が必要となり、マニュアル（「学校園預り金マニュアル」（改訂版）2002年発刊）は整備されているものの、預り金会計については電算化されておらず、事務作業も諸帳簿は紙ベース、現金での出入金が必要でした。事務職員一人でこれらすべての実務を担うことは物理的に困難であり、この要綱の制定自体をもって事務職員の預り金事務へのかかわりが大きく変化するというところまでは至りませんでした。

自治体を超えた取組——新教育システム開発プログラムと全国学校財務開発研究会

2004年度から2年間、財務会計システムの準備・移行作業で私自身、心身ともに疲弊していました。2006年4月、学校経理係長として3年目を迎え、まずはこの1年間は、業務整理を中心に私も含めて担当者間の心身の回復を図っていきたいと考えていました。

そんな矢先、総務課の課長からある依頼がありました。「今、文部科学省において新教育システム開発プログラムという委託事業を進めている。その事業の一つとして全国公立小中学校事務職員研究会が学校財務の研究を検討しており、総額裁量予算制度を導入している本市とも連携できないかという提案がきている。ついては、本市として本事業にかかる企画書を作成してほしい」というものでした。正直、新たな仕事に着手する心身の余裕はありませんでしたが、相当の委託

1	学校物品の登録
2	学校物品の閲覧
3	学校物品の移転予約
4	学校物品の貸出予約
5	物品運搬の予約
6	利用状況の把握　　　　など

図表3-2　学校物品有効活用システム開発内容

金額が想定されているということでしたので、本市の財政状況も鑑み、こうした機会もめったにないと考え、ひとまず本市での現状の困りを考慮しながら、企画書を作成しました。

企画書の柱は、大きくは3点ありました。1点目は、前述の預り金の現状を鑑みて、公金の電算化のように事務職員が主体的に預り金にかかる業務を担えるよう業務の合理化・省力化を図る「学校預り金会計システム」の開発です。

2点目は、ある事務職員からの提案をもとにしたものです。教頭と事務職員の合同研修会に参加した際に、参加している事務職員から、「こんなに予算が厳しい中、学校には使用せずに眠っている物品・備品がある。でも、自分たちには他校の情報を知る手段がない。教育委員会も単に学校へ予算を減らして配分するだけじゃなくて、必要な学校に貸し借りできるような工夫をもっと考えていかないといけないのではないか？」というものでした。そのことを思い出して、企画したのが、貸し借りできる物品の情報を学校間で共有できる「学校物品有効活用システム」の開発です【図表3-2】。

3点目は、本市の学校財務の理解促進・取組の深化です。総額裁量予算制度をどう効果的に教育活動に結びつけて展開していけばよいのか、財務に精通していない管理職や、事務作業からの転換の最中である事務職員への理解浸透が課題でした。企画作成時点では具体的な取組の明示はできず、単にそのための研究を進めていきたいという申請内容であったと記憶しています。

企画書提出後、しばらく返答がなく、企画は認められなかったものとあきらめていましたが、文部科学省から返答が届き「他都市からも同じような企画提案がありバラバラで開発するのは費用面でも非効率であるので、合同で開発をしてもらいたい。ついては、参画市を交えて打合せを行いたいので当省まで来てほしい」というものでした。

打合せ当日は、宇都宮市・千葉市・横浜市の各担当者と、全国公立小中学校事務職員研究会の役員、本市からは総務課の担当者と私、事務研究会の当時の会長であった加藤みのる氏の3名が出席しました。打合せの結果、上記3市と本市で「全国学校財務開発研究会」を発足、全国公立小中学校事務職員研究会と連携して、「保護者負担経費に係る会計システム」(前述の学校預り金会計システムのこと)と「学校物品有効活用システム」を共同研究することとなりました。なお、事務局をどの市に置くかの決定の際は、道中の新幹線の中で総務課の担当者から手を挙げるように勧められていたこともあって私が挙手し、特に異論なく、京都市が担当することとなりました。また、前述3点目の財務の取組については、事務局を担うことが配慮されてか、本市独自の取組として企画が認められました。こうした自治体を超えた取組は、私のキャリアでは、この取組だけです。全国的な視点で本市の取組を俯瞰的に見ることができるなど、大変貴重な経験や出会い、財産をいただきました。現在も、学校事務職員の皆さんは、全国公立小中学校事務職員研究会を

はじめ、各道府県・市町村の事務研究会で交流をなされていますが、他職にはない学校事務ならではの貴重な出会いや経験が得られるものと思います。オンライン等も活用しながら積極的に交流されることをお勧めします。

学校現場のことを思ってどれだけいいものを作り出せるか
――保護者負担経費にかかる会計システム（学校預り金会計システム）の開発を通して

京都市の学校・幼稚園では、２００２年発行の学校園預り金マニュアルに準じて保護者負担経費にかかる会計事務を行っていましたが、各帳票類はシステム化されておらず、作成方法や個人情報の管理は各校に委ねられていました。また、集金は保護者振込になっているものの、業者への支払は現金で行っており、高額かつ取扱に慎重を期するため多数の書類管理を行っており、学校・教職員の負担は大変大きい状況でした。

まず、各市のマニュアル等を比較しながら開発に必要な項目を整理し、【図表３－３】の内容についてシステム開発を行うことにしました。また、システムのプログラム等は専門の業者に委託することとしました。なお、業者委託にあたっては、業者を選定（プロポーザル方式）するための発注書の作成や発注内容の確実な実行の指示・管理が必要となります。私たちにはそのノウハウがなかったため、専門のコンサルタントとして京都府と京都市などの出資により設立された公益財団法人京都高度技術研究所（ＡＳＴＥＭ）の支援・助言を得て、業者選定や開発を進めました。さらに、開発にあたっては、適正な会計処理が遂行できることはもちろんのことですが、入力データの利用による、記帳、集計、転記、照合などの反復作業の軽減など事務の効率化とともに、操作・実務を行う事務職員（ユーザー側）に立ったわかりやすく操作しやすい工夫を念頭におくことが重要と考えました。特にユーザー側の視点に立って展開できるよう、京都市内でも京都市学校財務開発研究会という開発チームを設置し、電算化に長けた、あるいは、事務研究会の役員など、本市事務職員の中心的な役割を担っている方々に参画（委嘱）いただきました。開発業者や市の開発チームの打合せ一つとっても、様々な意見が出され、衝突することも少なくありませんでしたが、上記目的を達成するために、最後まで妥協することなく粘り強く知

1　年度計画
2　集金
3　執行
4　返金
5　その他入金・出金
6　確認
7　決算
8　過年度未納管理
9　年度替処理　　など

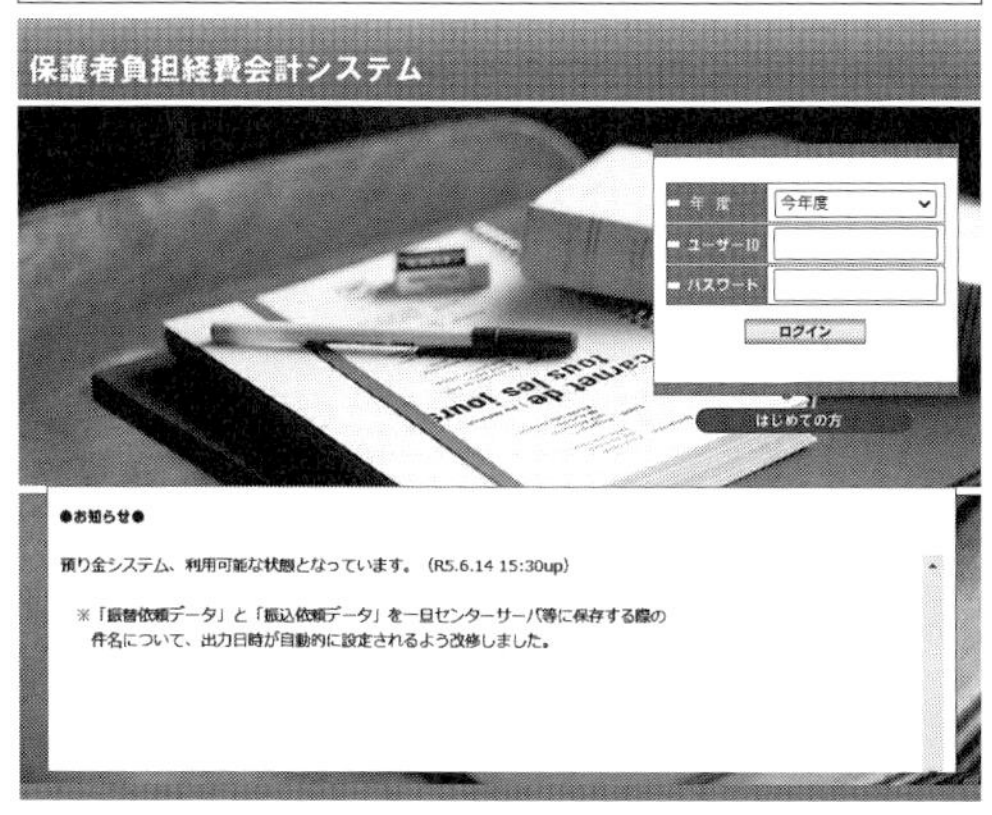

図表3-3　保護者負担経費会計システム開発内容

恵を絞って研究期間の2年間で完成にこぎつけることができました。

開発の次は、事務職員の理解・習得、校内での円滑な業務展開、さらには集金等を行うための金融機関とのデータのやり取りなどの調整等をクリアしていく必要がありました。

事務職員の理解・習得にあたっては、第2章に紹介がありましたように、研修会（事務職員対象。一人あたり5回（実務研修2回、操作研修3回））の開催をはじめ、システムの操作手順等を理解できるよう音声付動画マニュアル【図表3－4】や本格運用前に各校で操作学習ができる環境を整備（管理職・事務職員対象）しました。また、校内での円滑な業務展開を図るため、システムの活用箇所や校内連携体制（管理職・事務職員・教職員）等、預り金事務の流れをまとめた「預り金ハンドブック」を作成し、校内体制の確立を図りました。こうした取組は、財務会計システムの導入から得た経験が特に生かされたと思います。

図表3-4　音声付動画マニュアル

また、金融機関とのデータのやり取りなどの調整にあたっては、想像以上に苦労しました。長年の経過から、学校が取り扱っている金融機関は様々であり、振込手数料の保護者負担軽減を踏まえて、できる限り同じ金融機関との取引を継続して行う必要がありました。このため、計10行近い金融機関との調整を行うこととなりましたが、ある金融機関からは、手間がかかる割にメリットがないので契約を打ち切り

図表3-5　伝送サービスの利用環境の整備

たい、あるいは、保護者の振込手数料を増やしたいといわれるなど、各行との調整は難航しました。また、当初は、フロッピーディスク（FD）でデータのやり取りを行う形で開発を進めていましたが、ある金融機関から、「まだFDを使うのですか？　これからは、データ伝送が主流ですよ」といわれました。確かにFDを都度金融機関に持参する手間や、出金も端末を介して直接業者へ振り込めることを鑑みると、データ伝送の方がより利便性・安全性・効率性が高いことに気づきました。試行直前のことではありましたが、早速、システムを一部カスタマイズして、学校の端末から直接振替・振込ができる伝送サービスの利用環境の整備【図表3-5】を図りました。なお、こうした電算化や伝送サービスの利用は、窓口業務を大幅に減らすことにもつながったと、導入後に金融機関からお礼の言葉をいただきました。

本市においては、2年間の研究開発後、2008年度試行実施、2009年度から全校園にて本格実施し、さらに2010年度からは校内予算管理システムを構築し、公金と預り金を合わせた校内で取り扱う予算の一体的な管理を行い、保護者負担軽減等を踏まえた効果的・効率的な財務運営を進めています。

様々な方々のご支援・ご協力を得て実現できたわけですが、財務会計システム導入にかかる経験やノウハウが、事務職員側のシステム理解や業務の習得に役立ち、開発担当者である私たちも様々な課題を乗り越えることができた大きな要因であったと考えます。また、10年以上経った現在でも大きな支障なくシステムを使用できているのは、研究開発時に、参画いただいた事務職員や委託業者、そして担当者が、学校現場の立場に立って最後まで妥協することなく議論し粘り強く知恵を絞って進めていたことによるものと考えます。とかく、完成したことをもって成果と捉え満足しがちですが、完成は始まりであり、その後の活用状況が本当の意味での成果であることを身をもって実感しました。どれだけ現場のことを思って妥協せずに取り組めるのか。このことは、業務の円滑化、教職員の負担軽減といった働き方改革にも資するものであるとともに、学校現場を総括する教育委員会の職員一人一人が有していなければならない大事な視点であると思います。

学校財務のさらなる深化・進化を目指して

前述のとおり、本市の総額裁量予算制度をどう効果的に教育活動に結びつけて展開していけばよいのか、財務に精通していない管理職やそれまでの事務作業からの業務の質の転換を図る最中である事務職員への理解浸透が課題でした。全国学校財務開発研究会の取組の一環として、本市の財務制度の取組充実にかかる予算を獲得したわけですが、この課題をどう改善していくのか、なかなか効果的な手立てが思い浮かびませんでした。

改善策が漠然とした中ではありましたが、本取組にあたっても、学校現場の意見聴取が必須と考え、学校預り金会計システム開発同様、本市学校事務の中核を担う事務職員の方々に参画（委嘱）いただき、京都市学校財務開発研究会にもう一つのチーム、制度改革チームを設置しました。

議論を重ねる中で、校長のリーダーシップのもと、教職員一体となった学校経営ビジョンの実現を図ることの重要性をはじめ、まずは、総額裁量予算制度に基づく具体的な財務運営方法をわかりやすく示すことが必要であるとの共通理解が図られました。次に、予算だけで学校財務を考えるのではなく、学校運営協議会の設置や校種間連携等、地域・保護者・他校との連携・協働を一層進めることが必要であり、そうしたこれからの新しい時代に対応した財務運営方法を示すことが重要であるとの結論に至りました。そして、具体的な取組も含めながら示したのが学校財務マネジメントパンフレット「学校経営のための発想」（School Financial Mangement＝ＳＦＭ）【図表３-６】です。特に、ＳＦＭを支える具体的な取組として示し、現在も取り組まれているのが「学校予算キャリー制度」「みやこ学校エコマイレージ」、そして前述の「学校物品有効活用システム」です。

図表３-６　学校財務マネジメントパンフレット

まず、学校予算キャリー制度について、これはその年の予算残額を一定の範囲内で翌年度に繰り越して執行できるもので、現在（2022年度）は20万円を上限として繰り越せます。実はこの制度は、上記会議ではなく、新幹線の道中で思いついたアイデアです。前述の全国学校財務開発研究会の会議は、当時各市持回りで行われていました。京都市以外の3市がすべて関東地方であることから、本市での会議を除き、3市の会場まで往復4時間以上を新幹線で過ごします。毎回の会議の出席は、私と加藤みのる元会長でした。ある日の会議に向かう途中、名古屋駅を過ぎたあたりで、ふと私から、「財務制度に関して、これまでにない発想でかつ学校現場の困りを解消できるような何かいいアイデアはないですかね?」と尋ねました。加藤元会長はしばらく考え込まれたあと、「そういえば、予算は学校で計画していた事業の変更や休止などによってどうしても年度末に不用額が生じることがある。残額だけでは高額な物品などが買えない実態もある。その不用額を翌年度の予算として活用できれば、そうした物品を購入することができ学校も助かるのではないか？でもそんなこと難しいよね？」という提案でした。たしかに、予算はその年度内に執行することが原則（会計年度独立の原則）であり、予算を繰り越すことが難しいと思われるのは当然のことです。一方学校の予算は、前述の費目調整で言及したように、小学校なら京都市立小学校全校の予算として定められているため、例えば、年度末の学校の不用額を見越して、小学校予算の一部を有する教育委員会が年度末に執行する予定の予算相当分を年度当初に学校へ配分するといったやりくりをすることで、この運用が可能となります。すなわち教育委員会側のやりくり次第で、学校予算の翌年度繰り越しは実現できるということです。その後、担当内で協議した結果、教育委員会側も年度と年度にまたがるなど慎重な運用が必要であることから、繰越金額の上限を定めることや、学校側も無計画な執行とならないよう、学校の教育活動の充実に結びつく執行となっているのかを確認するために申請制を取ることを定め、この制度を導入することにしました。

次に、みやこ学校エコマイレージについてです。この制度は、環境教育の取組や学校物品有効活用システムの利用等、環境に関する実践・成果に応じて、ポイント制で学校予算を配分し、環境にやさしい学校づくりを促進するというものです。ポイントは、次年度以降も活用できる仕組みとなっています。学校予算キャリー制度同様、会計年度独立の原則にとらわれない、新たな財務手法として提案・提起したものです。また、取組が中長期的に継続されることもねらいにしています。私は他課で研究指定校の担当をしていたころから、学校現場の研究テーマが毎年のように変わる、ある教科の研究冊子を作った次年度にまた別の教科の研究に取り組む、といった実態に疑問をもっていました。教育や研究は、変わることも大事だが、もっと地に足をつけ、大切なことを続けていくことも大事ではないか、いい取組は中長期的に継続してほしいという願いから、企画したものでもあります。また、環境教育を促進する取組は、地球環境に貢献する今のSDGsの理念にもつながるものです。

効果的な財務手法の開発につながるうえ、環境教育の取組が促進できるのであれば、全市に広がることが期待できます。さらに今回は環境教育をテーマにしましたが、こうした財務手法が効果的であるのであれば、環境に限らず他のテーマでの展開も可能ではないかと考えていました。

ポイントをためて還元するという制度は、そもそもスーパーの買い物から思いついたもので、10年以上も続く事業になるとは思っていませんでしたが、現在も、その意義・目的自体は必要なことであると考えます。

学校予算キャリー制度、みやこ学校エコマイレージの二つは、ひょんなことから思いついた財務運営の制度といえます。しかし、何もないところから生まれたのではなく、常に学校財務に対して真摯に向き合い、学校現場をよくしたい、学校現場に還元できるような仕組みをつくれないかという思いの強さがあったからこそ生まれたものではないかと感じています。ヒントは生活の中の様々な場面に転がっています。それをいかに制度や仕組みづくり、取組に結び付けられるかという視点や発想をもつことが、現場の制度設計を行う私たち教育委員会だけでなく、〝提案する学校事務職員〟にとっても大事な視点ではないかと思います。

結びに

私は、教育委員会事務局に採用されて以降、25年以上にわたって教育行政に携わってきました。校長先生方や前章執筆の小槇元指導主事をはじめ、学校現場から教育委員会に異動してきた教職員の方々とのかかわりや学校訪問（ほぼ全校を訪問しました）などを通して、常に学校現場の実態の把握に努め、京都市教育委員会事務局の方針である現地現場主義の視点に立って、学校現場を第一に行動・実践を重ねてきました。

本章は、主に私が学校経理係長として在籍した2004年度から2009年度にかけてのかかわりや取組を紹介したものですが、いずれもが、取組開始からすでに10年以上も経過したものであり、他の自治体でも取り組まれている、あるいはさらに充実した取組が展開されているものもあろうかと思います。本章で紹介した制度構築や取組実施に至るまでの経緯、プロセス等は、今後一層展開されるであろう校務DXの促進や、学校、学校事務職員、教育委員会が協働して変革される取組にあたっての参考・一助としていただければ幸いです。

また、これらの取組は、私一人でできたものではありません。これまで学校事務に長年かかわってこられた関係者の皆様の取組を継承し、当時の係の担当者の皆さんや学校事務職員の皆さんをはじめ各取組にかかる関係者の皆様のご支援・ご協力のもと、充実・発展を進めてきたものです。

本市学校事務の基礎をどのように築いてきたのかについては、第2章では学校事務職員の立場で小槇元指導主事から、第4章で教育委員会事務局の立場で本市学校事務に長年携わってきた川井元室長から紹介いたします。

(1) 2012年度からは契約電力50キロワット以上の学校(全体の約9割)において実施

(2) 取組効果(2019年度) 節水機器:約1億6千万円、電力監視測定器:約4200万円、電力入札:約2億8千万円

(3) 各校種の校園長会と教頭会、事務研究会、各予算配分課の代表者が参画して、各校園の経理事務が適正化かつ平準化されるための検討・協議を行う部会。1998年発足。

コラム　京都市の財務制度活用 実践編｜3

みやこ学校エコマイレージ

みやこ学校エコマイレージとは、児童・生徒の「環境に関する見方や考え方、豊かな感受性」、「主体的に環境へ働きかける実践力」の育成に資する取組を一層充実し、「環境にやさしい学校づくり」を推進することを目的として、学校での実施項目に対しポイントを付与する制度です。

1ポイントにつき10円の学校予算として換算されます。

▶制度の創設についての詳細は、第３章（P66～91）を参照。

こんな取組にポイントがつきます！

ポイント付与の対象項目

❶ 環境教育の推進

（例）○節水・節電の取組、腐葉土づくり、生物の飼育・観察
○「ごみ・資源」をテーマにした環境学習
○外部講師講演会・企業の出前授業等

❷ CO_2排出量削減

電気・ガス・水道のCO_2排出量が前年度と比較して削減できた場合、削減量に基づきポイントを付与

❸ 学校物品有効活用システムの利用

所有する物品の情報をシステムに登録し他校で利用があった場合や、システムに登録された物品を利用した場合にポイントを付与

❹ 取組の評価（受賞）・発表・広報

学校園での取組を対外的に発表、広報・評価等された場合にポイントを付与

こんな風に活用しています！

学校で行っている取組
・ごみゼロ運動
・環境週間
・光熱水費削減等

子どもたちが
水を飲むための
給水器を設置！

エコマイレージを申請し、ポイントGet！
➡**ためたポイントを予算化**

第4章

学校事務支援室の創設と教育委員会が果たしてきた役割

京都市教育委員会事務局　学校事務支援室
参与
川井　勝博（元室長）

第4章では、2004年度以降の財務の電算化を迎えるまでの自身の実践や、教育委員会事務局内に学校事務を統括する部署の設置など2010年度の学校事務職員の採用再開後の体制整備にかかる取組について、中心的に携わってきた教育委員会事務局職員として紹介します。

資金前渡（現金払）から電算化（振込払）へ

1998年度に学校経理係が教育委員会の機構改革によって誕生しました。それまで1年ごとに係を渡り歩いていた私は初代の学校経理係長としてその後6年間じっくりと腰を据えて学校財務事務に携わることになりました。

学校財務とのかかわりでいうと、1989年に調査課の調査学事係で学校預り金の担当となりましたが、その当時、学校においては、ほとんど教員が預り金事務を担当していました。しかし、次第に公金会計事務との共通点が多く、公費と私費が表裏一体のものであるため、次第に学校事務職員がかかわる学校が出てきて、たくさんの質問を受けた覚えがあります。

この「預り金」という名称は京都市独自のもので「保護者から信託を受けて学校が預かり執行しているお金」ということを意味しているわけですが、一般的には「学校徴収金」と呼ばれていました。このころ全国のどこの教育委員会に当該会計の事務を尋ねても「それは学校独自で行っているものだから教育委員会では把握していないしルールもない」という回答ばかりでしたが、本市では既に公費負担と受益者負担である私費負担と振分けを行い「預り金事務の手引」が作られていました。

しかし、そのころは手引の内容の解釈がまちまちで預り金で執行してよいものか迷っている学校もありました。その物品の購入目的は何かをしっかり認識してほしいと預り金執行について事細かに執行範囲と保護者負担軽減を説明した時代でもありました。

こういった移り変わりのある中、学校経理係は学校運営費（公費）や預り金に代表される私費をはじめとした学校財務といわれる会計事務を総括する係となりスタートを切ることになりました。

当時、半世紀以上にわたって学校の運営費は資金前渡制度（現金払）を使った執行を行っておりいろいろな意味で大変な時代でした。

1998年度の学校における業者支払は現金と小切手を併用していました。現金の支払は、金種を合わせ、それらを銀行から学校へ持ち帰り業者ごとに振分けする作業が必要で、それだけで大変な業務であったであろうと思います。また小切手も当座預金出納帳で管理ができると楽なのですが、ただ現金の取り扱いを少なくするために当日支払する金額を普通預金から当座預金に振り替えてその分の小切手を切るといったもので絶対に不渡りを出さないような手法を使っていました。

また、当時の学校事務職員のほとんどが学校組織を理解して働ける人たちでしたが、一人職種ならではの課題もありました。今でこそ職員室で仕事をすることも増えましたが、当時は事務室

ではとんどの業務を行っており、管理職や教員とのかかわり、接触も少なかったように思います。そうしたかかわりが希薄ななかでの問題もありました。学校の管理職と学校事務職員がどれだけよいコミュニケーションを取れるかがその学校の運営をスムーズにさせるかどうかの大きな要因となっていました。

管理職と事務職員がうまくかみ合わない学校を何度か訪問したことがあり両方から話を聞くわけですが、最終的にはいつも学校事務職員の話をじっくり聞かねばなりませんでした。ある学校の例ですが、教員が計画外の物品を購入した事案に対して学校事務職員は管理職に対し正論のみを主張し「このようなことをされると私は責任をもって予算管理ができない」と主張する。こうなると私のほうに管理職から相談が入ります。正論を主張されるのでそれに対して反論はできないのですが、「学校には多くの児童生徒がいて教育活動を行うために毎日イレギュラー事案が起こる。それに対してすべての教職員がかかわっていろいろ知恵を出し合って課題を解決していかんとね。基本を踏まえた予算執行というものを相手にうまく伝えていくことも必要で学校事務職員の腕の見せどころやね」といったようなニュアンスの話を夜中までした経験が何度かありました。時間はかかったけれど、じっくり話せばそれぞれの立場を理解しつつ、ルールに則った手順の大事さをすべての教職員に伝えられたことも私にとってよい経験になっています。

また当時から学校事務職員の研修制度があり基本は理解されていたのですが、先輩からのOJTで細かい具体的な仕事を覚えることが多く、「こういうときはこうする」といったパターンで教えられているため、イレギュラーな仕事にはなかなか対応しきれないというような状況もありました。

また、資金前渡制度による支払も正確な執行計画が立てられていれば何も問題は起こらないのですが、中には杜撰な計画によって執行できなくなるケースも少なからずありました。特に公共料金などは納入期限があり学校で支払ができなくなると教育委員会で支払うこととなるため、学校は教育委員会の所管係である調査課学校経理係に支払期限の何日か前までに納付書等を持っていかなければなりません。年度当初など学校事務職員も多忙な時期は特に負担でしたし、私たち教育委員会側も同様で、学校から資金前渡制度を外したい、現金を使わない基本払（振込払）に切替えたい、そういう気持ちが募った時期でありました。

京都市においては1997年度に「高度情報化推進のための京都市行動計画」が策定されており、1998年度からイントラネットが整備され行政業務情報化が進んでいく中で、「財務会計システム」の稼働も計画されました。計画化以降、このシステムを学校現場にも導入して、学校での現金の取扱を無くそうと、学校財務にかかわる者の使命として取り組んでいました。

学校事務職員とともに進める財務電算化

ちょうどそのころ、これからは学校にもＯＡの時代がやってくるといって事務研究会に入らず任意で集まり、自分たちの業務に役立つソフトを手作りするパソコンに長けたマニアックな学校

事務職員のグループがあり、そのリーダーは本書の執筆者の一人でもある元指導主事の小槇氏でした。私にとって彼らとの出会いはたいへん心強く電算化に向けて大きな力となりました。その後そのグループは事務研究会の専門部の「ＯＡ委員会」として位置づけられ、学校事務職員全員から認められる存在になるとともに私と苦労を分かち合う仲間になったのです。

今の時代の人たちにはあまり聞きなれないＯＡというのはオフィス・オートメーション（Office Automation）のことでワープロやコピー機、今や現代の事務機器の化石となろうとしているファックスなどがありました。時代が進むにつれＩＴになりＩＣＴへと情報化にかかる呼び名は変遷してきました。

「財務のシステムをどうしても学校に導入したい」と彼らに話を持ちかけたところ「我々も同感で学校事務は電算化していかねばならないのでぜひ一緒にやりたい」と返事をいただき、意気投合して彼らグループと本格的に学校財務の電算化に向けての活動が始まったのです。しかし、彼らは学校事務職員の中でずば抜けてＩＣＴ関係に長けていたので前に進もうとする勢いが強すぎるところがありました。京都市の学校事務職員全体のレベルアップを図るという思いは私にとって欠かせないものでしたから、彼らの手綱を引かねばならないときも多々ありました。常に彼らと学校事務のＩＣＴ化というベクトルを合わせながら学校現場の意見、教育委員会の意見、それぞれ異なる立場から、喧々諤々議論しながらお互い理解を深めて進めてこられたことで、学校財務の電算化が実現したものと思っています。

そのころは、まだ働き方改革を強く意識して取り組んでいる時代ではありませんでしたので、彼らと夜中遅くまで議論することに労を厭わなかったですし、また意見が合わないこともありましたが、苦と感じることなく楽しんでやっていたことを覚えています。当時、授業後にある学校の会議室をお借りして集まるのですが、その学校に事務職員として勤務し、夜遅くまで会議をする我々のためにお茶の用意など心温まる準備をしていただいたのが本書の執筆者の一人水口主任指導主事でした。今になって本当に縁というものを感じています。

システム導入にあたっては、先進都市にOA委員会のメンバーと一緒に出張しました。東京都文京区の小学校にも財務の電算化の視察に訪れ、当時、『学校事務』の編集にもかかわっておられた川崎氏が勤務されており、丁寧に財務システムの説明を受けたのを覚えています。

先進的な財務の電算化を実施していた他都市の学校に出張しいろいろ学ばせていただいたのですが、そのときに出張先の学校事務職員から「なぜ京都市は教育委員会事務局の人と学校事務職員が一緒に出張できるのですか」とよく聞かれました。私としては一緒に行動することは当たり前で現場を知っている学校事務職員と教育委員会事務局の職員とがともに同じ話を聞かないとよいものは作れないだろうと考えていたので、こういった質問を奇異に感じたのを覚えています。他都市は教育委員会人事の絡みもあり、あまり学校事務職員と教育委員会事務局の職員との交流は多くないようですが、こうしたところは大変重要なポイントで教育は学校現場で行われているため、教育委員会事務局職員も学校現場を知らないとよい仕事はできないと考えています。

京都市では教育委員会事務局は、「教育畑」とか「教育村」とか呼ばれており、教育委員会で働く京都市職員は任命権者が教育委員会であるため、専ら教育の分野でずっと仕事をしていくことになります。市長部局との人事交流もありますが限られた人数でほとんどがいわゆる教育プロパーとして退職まで教育委員会の各課を渡り歩き、いろいろな視点から学校をサポートしていくことになります。

これは学校にとってはよい制度で、多くを語らずとも教育委員会事務局にわかってもらえる一方、学校よりもノウハウの蓄積があるため、教育委員会からの様々な視点での意見や助言を得れば、学校側が自ら考えなくとも物事が円滑に進んでしまうという一面もあります。

財務システム導入にあたっての大きなハードル

現在は、「財務会計システム」の存在が当たり前になっていますが、当時の学校事務職員にとってはシステム導入にあたって大きな二つのハードルを飛び越えなければならなかった革命期でありました。

一つ目のハードルは、物品購入のための決定行為の概念を知ってもらうことでした。当時、学校では資金前渡制度を利用しつつ稟議書も使っており、新採の事務職員や管理職に、この決裁の意味するところから丁寧に理解を図りました。教育委員会事務局で各学校への運営費の資金前渡の決裁（市長決定）が取れているから各学校では資金前渡出納簿の記帳と支払った分の領収書があればよいのですが、今後基本払に切り替えていく中で「物品の調達を行う行為」、「業者と契約を行う行為」、「支払いを行う行為」それぞれの行為に対して事前に学校として決定を行うことが必要であり、学校の最高責任者である校長まで決裁を取ることが必要であることをかみ砕いて理解を図りました。

また、三つの決定行為を覚えてもらうため、稟議書のひな型を作りました。一枚もので名称は上部が契約を行う行為にあたる「物件等調達契約決定書」、下部が支払いを行う行為にあたる「物件等調達支払決定書」です。何をどこで、いくらで買うのかを裏面に見積書を貼付して上部の書面でもって校長決裁を取ります。これで発注ができ、その後納品され請求が来た後に裏面に納品書と請求書を貼付し下部書面の校長決裁を取り、初めて支払いができるといったものでした。学校現場からはなぜ2回も決裁を取らなければならないのか、手間がかかるといった意見も受けましたが、基本払に移行するためにはこうした方法で支出・支払行為の概念や手順を覚えていってもらうしかなかったと考えています。

これらの過程を踏まえ、財務会計電算化へ向けての資金前渡の原則廃止や厳正な予算執行を行うため、「学校経理部会」（第3章参照）において、前述の各決定書がどのような意味を持ち、どういう過程を経て物品購入ができるのかを学校の全教職員に知ってもらうため「学校経理ハンドブック」を作成しました。あわせてこのハンドブックには学校経理事務における計画・執行・評価という流れと事務内容の確認、校内における「予算委員会」の設置をはじめとした執行体制の

確立を明記し、これをすべての教職員に配布して校内研修を実施してもらったことから、学校の予算執行計画の策定は「予算委員会」で行われるようになりました。同時に「学校経理部会」では私費会計である預り金事務の基本的な考え方、執行体制、会計事務の流れも全教職員に再確認してもらうため、従来からある「預り金事務の手引」の改訂も行いました。

本部会において事務研究会からは学校財務の運営方針「学校財務事務取扱要綱」の制定について「私たち学校事務職員にとって校内での仕事がしやすくなる」、「学校に必要とされる職として確立するためにも常々学校預り金にかかわっていくことの必要性を会員等に理解を図っているが、要綱で明文化されることで大きな前進が図れる」といった意見が出されるなど、要綱の策定を強く要望され、最終、要綱案が同研究会から提案されました。当時の私は目前に迫ってきた財務会計システム導入をどう円滑に進めていくかが最大の課題であったため、要綱の策定に携わるまで余裕はありませんでしたが、今になって考えると、本部会で提案されたことが、学校預り金をはじめ、以降の学校経営に主体的に参画できる体制の基礎が作られ、さらに現在の「学校事務標準化プロジェクト」（詳細は第6章参照）等様々な新しい取組に結びつく大きな転機になったと思います。

学校経理部会は財務会計システム稼働に向けた準備、管理職を中心とした財務事務の執行体制の確立などを説明していく場であるとともに、事細かにタイムリーな情報を伝達する役割も担っていました。また、学校現場からそれぞれの財務事務の執行にあたっての課題や問題点も提案、指摘できる場でもあり教員委員会事務局と学校現場の意見を出し合える接点でありました。こうした接点を持つことの重要性を感じ、システム面を中心に事務の効率化を進めた「事務効率化プロジェクト」（2007年度開始。2015年度からは「学校現場の業務改善プロジェクト」に名称変更）をはじめ、現在取り組んでいる教職員の働き方改革を推進する「時間外勤務縮減部会」へとつながっています。

二つ目のハードルは、パソコンを使用することでした。当時はワープロ主流の時代であり、パソコンを使ったことのある学校事務職員はごく僅かでした。財務の電算化が全国的に進む中、本市も例外ではなく残念ながらコンピュータに苦手意識が強い職員が多くいました。

何とか誰一人取りこぼすことなく学校事務職員全員を乗り越えさせたい、パソコンの習得をはじめ事務職員に求められる能力の全体の水準を上げていきたいという思いから、予備のパソコンを20台買って今まで使っていたワープロとどう違うのか、パソコンに馴染んでもらうため貸し出しを行いました。これによって自信をつけた学校事務職員も多く現れ、口伝によって「結構使える」ということが広まったことも学校事務職員全体のモチベーションを上げることにつながったと考えています。

その一方で財務会計システムをリリースしてくれる京都市側への説得も大変でした。当時、市側は学校への財務会計システム導入は市内学校約300か所で使うことになりセキュリティーの観点からこれらの面倒を見られないということや、そのころ、私の覚えでは市の総契約件数が約

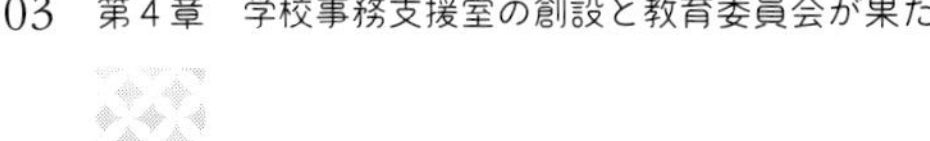

12万件に対し、学校は細かい契約が多いため約15万件の契約件数があり、市としては倍以上に件数が膨らむということで、「今までどおり資金前渡制度を使って教育委員会内で完結されたらどうですか」と、学校にシステムを導入することについて当初は否定的であったことを覚えています。

精算書として教育委員会事務局に学校から送られてくる15万枚の領収書は、積み上げると10mぐらいになります。これらが年6回に分けて学校から送られてきて、学校経理係では1枚1枚チェックしていかねばなりませんでした。不備があれば学校に返却し訂正して送り返してもらうという、今から考えると何とも時間のかかる非効率な作業でした。

なんとか本市の情報化推進課と会計室を説得し、理解を得て導入の方向にもっていけたわけですが、このときは学校現場への説明と市側への説得とに力を使い果たし、これからが本格導入だというのに燃え尽き感が残っていました。

しかし、この財務会計システム導入にあたっては、何とか全員をすくい上げたいという思いで各支部や学校を訪問し事務の流れやパソコンの操作概要等サポートを行いました。こういった取組を積み重ねながら、今や公金、備品に関しての事務はすべて財務会計システムで処理することとなり、2005年度から学校財務事務は飛躍的に効率化されました。

特に公金会計は、支払状況など常に学校経理係で把握することができるようになり、学校事務職員の指導・支援に役立っています。また、支払いに関しても京都市に総務事務センターがあり、支出命令処理を行うと、当該センターから業者に振り込まれ、資金前渡時代から考えると物件購入事務が学校にいてすべて完了するという画期的なものとなっています。このように学校組織の中ですでに当時から事務職員の働き方改革が進められてきました。今から思うと、こうした事務の効率化による事務職員をはじめとする教職員の負担軽減は、働き方改革の先駆けであったように思います。

苦渋の学校経常運営費カット

しかしそのころ、京都市の財政状況は陰りが見えてきて2001年度に本市財政の「非常事態宣言」が発せられ、その後も厳しい状況が続く中、従来のやり方では限界があるため2004年度に「戦略的予算編成システム」が導入され、教育予算も大幅に削減しなければならない状況に至っていました。

財政の厳しいときでも学校運営予算はできるだけ維持してきたのですが、聖域なき見直しのなか、光熱水費も含めて運営予算を20%カットすることとなりました。電算化や学校経常運営費20%カット以降の取組は第3章で紹介したとおりです。

厳しい財政状況において、学校経理係が誕生してすぐに学校運営費を効果的・効率的に執行するためにはどうしたらよいかを検討する中、それぞれの学校教育目標達成に向けて柔軟に執行計画を立てられるよう、学校長の裁量権を拡大し年度当初に予算の組換えができる「合算執行」という制度を誕生させました。その背景には学校事務職員は長年にわたって予算をどう使ったかを

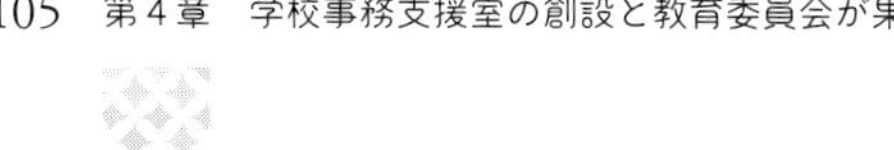

記録する観点で「経理事務」（過去会計）を確実にこなしてきたのですが、先を見通しながら執行計画を立てる「財務マネジメント」（未来会計）力をつけていくことがこれからの学校財務事務には必須条件になるという判断のもと、このような制度を実施することにしました。

この合算執行制度ですが、特色ある学校づくりを推進するために、各予算項目の枠にとらわれず、その予算の範囲内で各学校が必要とする経費を重点的に執行でき、当初は教材費、実習材料費、図書整備費、便所清掃費、備品購入費という5つの予算枠でのスタートでしたが、現在はそれに加えて光熱水費をはじめ学芸的行事費、保健衛生費、小修繕費等が追加されています。合算執行は学校経理係に留まらず、各課から配分している経常運営費予算も含めて執行計画できるため、各学校でしっかり予算管理しマネジメントを行うことが必要です。

学校事務支援室の誕生

１９８４年、私が京都市総合教育センターの前身である「教育研究所」に勤務していたときに学校事務職員出身の所員として樋爪氏が来られ、その後教育センター開所とともに全国に先駆けて学校事務職員の指導主事に就任され一緒に仕事をさせていただいたことから、学校事務職員の存在と職務内容を学ばせてもらいました。また、１９８９年から調査課で学校預り金業務とかかわったときから、学校事務職員との接点が増えるきっかけとなりました。前述しているように学校財務事務において学校事務職員と一緒にやってきたという経過があり、いかに彼らと連携することでタイムリーな学校現場に合った教育委員会の取組が展開できるかということを教えられました。また、彼らのポテンシャルの高さや彼らの動き方によって学校が変わっていく様を見てきており、これからの学校経営には欠かせない存在だと確信していたからこそ、彼らを支援していくための「学校事務支援室」構想が生まれたと思っています。

私がこの構想を練っているときは、西京高校附属中学校の建物の一角にある教育委員会事務局や学校の情報化の業務を担当していた情報化推進総合センターに勤務していました。大変広いスペースに職員が15名程度の閑散とした職場で、構想で持っていた「学校事務支援室」としての活用に十分な場所だと思っていました。それが今や約50人の職員が勤務する学校事務支援室に変わりました。

京都市教育委員会では、そのころ毎年、事務局組織の改編案の提出を各所属長に求めており、私は学校現場に身近に感じてもらえる組織を作りたいという思いで学校事務支援室構想を練っていました。新組織にはどうしても学校との窓口となる学校現場を熟知した行政職である学校事務職員が必要と考えていたときに、名古屋市の学校事務支援センターで学校事務職員が活躍されていることを知り、さっそく当該センターへ教育委員会事務局の職員数名で出張し、いろいろ教えていただきました。当該センターは名古屋市立の中学校敷地内に設置され、学校事務職員が中学校に籍を置きつつ当該センターの仕事をされている、これを文科省も承認していることを知り運命的なものを感じました。都合のよいことに学校事務支援室に変えていこうとしていた情報化推

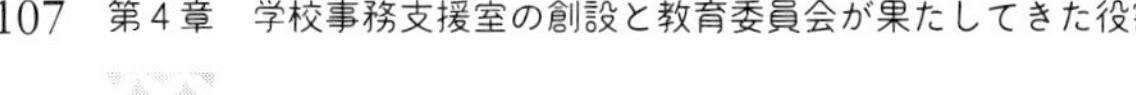

進総合センターも西京高校附属中学校内に設置されていたからです。

「学校事務支援室の設置について」という私の組織改革案の概要は次のようなものでした。

教員の多忙化解消のための方策として学校事務職員のより一層の活用があげられるが、今後学校事務職員が担当する事務が増加するにあたって教育委員会事務局においても、それらに対応するための組織が必要となる。「情報センター業務」と学校事務職員の「研修・指導・相談業務」に加え「財務会計」「給与」「福利厚生」「統計」等及び「学校管理職へのサポート」の機能を担う学校事務支援室を設置する。2名の学校事務職員を置き、学校からの相談窓口となるほか、現場における学校事務支援、研修補助の役割を担う。また、優秀な人財をフルに活用するため当該組織のOJT等により、市全体の仕事の流れやその重要性を学んでもらい、そのノウハウを学校現場で活かせるような人事交流が大事である。

こうした経過で、2013年度に「学校事務支援室」が教育委員会の機構改革によって設置されました。学校事務に関することは学校事務支援室ですべて解決できるようワンストップサービスを目指して、関係する課・係を集めようとしたのは学校事務職員の「より良き学校教育は、より良き学校事務から」という情熱があったからだと思っています。学校事務支援室は一度に現在の組織でスタートできず、最初は情報担当に要となる学校事務支援担当（学校事務職員を配置した担当）

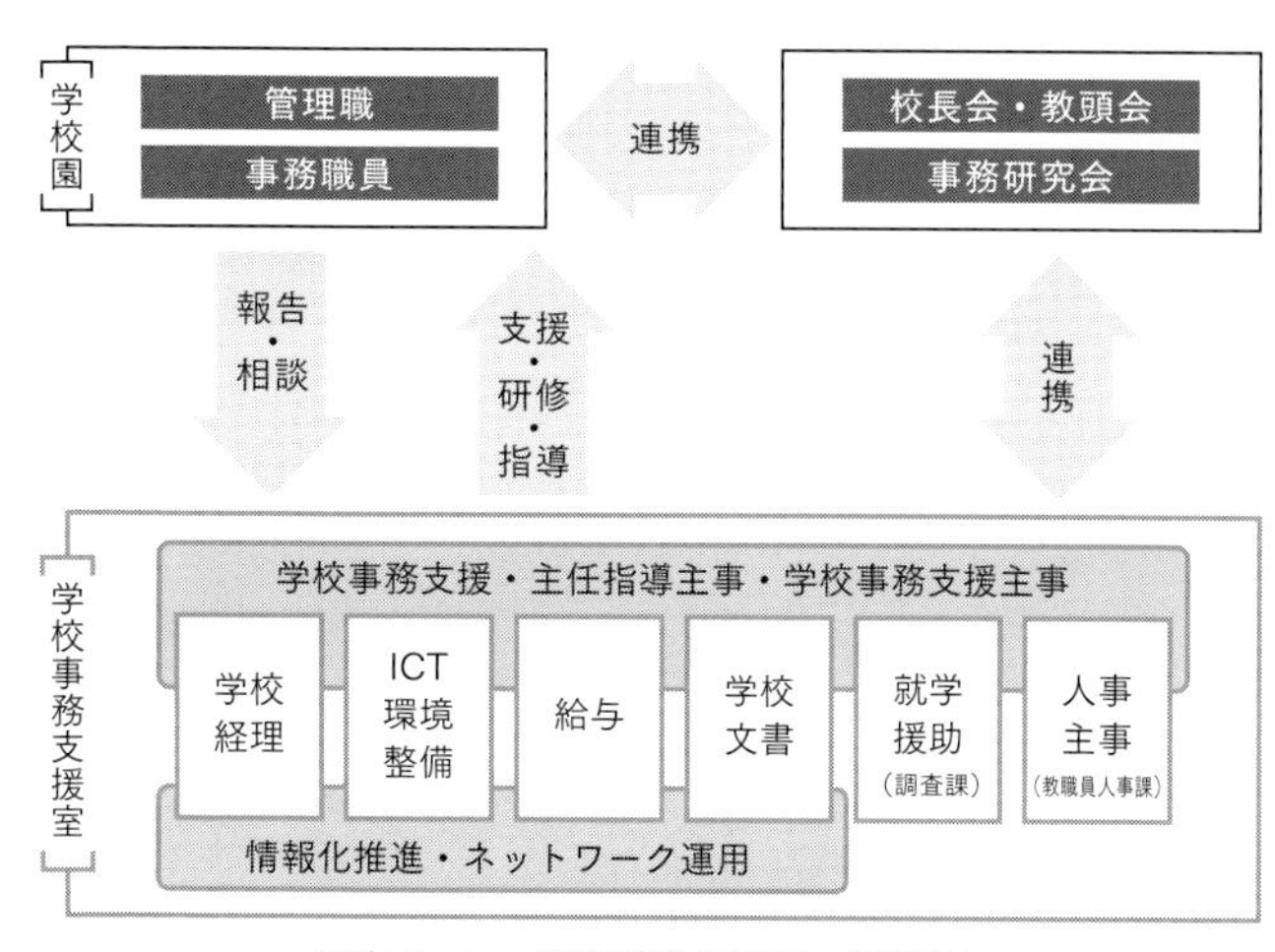

図表４-１　学校事務支援室の組織図

を新設して、給与担当や事務職員にかかる研修担当（指導主事）を取込み、次に学校経理担当を追加して２０１４年度にようやく今の形が整いました。これでもって給与事務・福利厚生事務、公金・準公金・預り金事務、物品会計事務、学校事務職員の研修・指導支援業務、教育委員会の情報ネットワークの運用や情報化の推進を行っているほか、人事主事・就学援助係とも連携を図り、学校事務職員にかかる業務全般にわたる支援を行っています。また、校長会、教頭会、事務研究会とも連携を図り活動の支援も行っています【図表４-１】。

現在は、民間業務委託で給与の三手当等のチェック作業を行っている給与事務センターや情報分野のサポートデスク等を含めると約１００人の職員が学校事務支援室で働いています。

設置前もいろいろ苦労がありましたが、設置後も多難でした。

２０１４年４月から「校務支援システム」を全校で運用開始し、２０１５年４月は「教育ネットワークセンター」の移設、同年６月から府費負担教職員の給与費事務移管に向けた「教職員人事給与・教職員庶務事務システム」の開発も進めてきました。国からは、２０１５年度に中央教育審議会から「事務の共同実施組織の制度整備」の答申が出されました。本市においては、共同実施に代わる取組として２０１６年４月から学校を俯瞰できる唯一の行政職員として事務職員を各校に従来どおり配置し、本市で推進している小中一貫教育の充実を図るために中学校区を単位としてチェック・コーチング・サポートや情報交換等の連携機能を備えた「学校事務に係る学校間連携」を全ブロックで開始しています。なお、試行から本格実施にあたっての経過・取組等は、第５章で紹介します。

また、２０１７年４月から府費負担教職員の給与費事務が移管され、新システムが稼働しています。この年の８月には「第49回全国公立小中学校事務研究大会」が京都で開催されたことも感慨深い思い出となっています。

このような形でスタートを切った学校事務支援室ですが、学校事務職員だけをサポートするのではなく、実は私の思いとしては、学校の管理職を助けようという思いもありました。学校の管理職、特に教頭は先述したように児童生徒の教授・指導を本務としてやってきて、教頭になったと同時に学校事務を見なければならない。経験のない教頭が学校事務の内容をすぐに理解し把握することはなかなか難しいと考えます。事務仕事だけをこなす教頭職であるならいっそのこと学校事務職員を教頭にしたほうが学校運営としてはスムーズに回ると思うのですが、教頭の本来業務は校長を補佐し教員を指導する立場であるため、学校事務職員が担うには学校事務以外に学ばなければならないことも多くなると思います。働き方改革という観点からも本来の教頭の業務を見直し、現状の業務軽減を図るため学校事務支援室からも支援をしていくことが学校運営をスムーズにさせることになると考えています。

学校事務職員にお願いしたいのは学校組織の中での唯一の行政職員として、常に行政職の目線で学校を俯瞰し、そして学校長が的確な判断ができるよう常にタイムリーな情報を提供すると同時に、教育委員会事務局にも学校の状況を的確に伝えてほしいと思っています。

こうした経過で生まれた学校事務支援室というベースをもとに、次につなげるために将来のあるべき学校事務職員像を作っていくにあたっての取組は第6章で詳しく記しています。

また、事務研究会では「学校事務標準化プロジェクト」等、今までになかった斬新な取組も進められています。

今後、様々な取組の中でこれからの学校事務職員を取り巻く環境は大きく変化していくことでしょう。学校事務職員の皆さんは変化することを恐れず嫌がらず変化していくことをぜひ楽しんでほしいと思います。そして、学校事務職員にとって素晴らしい未来がやってくることを期待しています。

全国のすべての学校事務職員の皆さんにエールを送ります。

京都市の財務制度活用 実践編｜4

学校物品有効活用システム

学校物品有効活用システムは、学校の物品を有効に活用し資源の再利用を促進することにより、「環境にやさしい学校づくり」の一層の推進を図ることを目的としています。

所管換・貸借が可能な物品の情報をシステムで共有し、利用した学校にポイントを付与します。

▶制度の創設についての詳細は、第３章（P66～91）を参照。

こんな風に活用しています！

図書室の本が増えて整理しきれていないみたい。本棚を増やした方がいいよね…

●●校で使わなくなった本棚があるみたい！譲ってもらおう♪システムで申請したら、運搬もしてもらえるのよね。

物品有効活用システムで探してみよう！

お金をかけず、本棚をGet！

今度、車いすを使った学習をするのですが、学校にある台数が少なくて…購入ってできないですか？

そうですねぇ…

学習には必要だけど、使用頻度や価格、保管場所を考えると、購入は難しいかな…

システムで探してみよう

物品画像

あった！
ちょうど使いたい日に貸し出してもらえそう♪

必要なときだけ借りられて便利！エコマイレージのポイントもついた～♪

第5章

学校事務職員だからこそできる！さらなる実践・支援を目指して

――「京都方式の学校間連携」の実践と、学校を支える取組

京都市教育委員会事務局　学校事務支援室
主任指導主事
水口　真弓

第5章では、第4章で述べられた「学校事務に係る学校間連携」の全市展開に向けて、その試行モデルとして事務職員がリーダーの役割を模索しながらチームを牽引した取組をはじめ、第2章の研修体系等をどのように充実・発展させているのかについて、現役の教育委員会事務局の主任指導主事の立場から紹介します。

「京都方式の学校間連携」はじめの一歩

京都市の教育は市民ぐるみ・地域ぐるみで教育改革が進められ、なかでも「小中一貫教育・校種間連携で進める京都ならではの教育」が推進されています。小学校と中学校が目指す子ども像を共有し、義務教育9年間を通した子どもたちの豊かな「学び」と「育ち」に向けて小中一貫教育を全市で実践しています。

京都市の小中一貫教育が推進されるなか、２０１４年度、中学校区を単位とする小学校・中学校の事務職員がチームとして連携・協働し、「学校事務」という切り口で自校のみならず連携校全体の教育活動の活性化を図るとして、事務研究会と学校事務支援室が連携し学校間連携の試行実施が始まりました。

当時は、今後10年間で１００名を超える事務職員が世代交代するという状況が迫っており、若手事務職員の育成や学校事務体制の充実を図ることが喫緊の課題でした。学校教育活動のさらなる活性化には事務職員の積極的な学校経営参画が必要であり、事務職員の果たす役割が重要となります。学校事務職員を学校経営の中核的職員として位置づけ、中学校区単位で地域課題の共有を行い、事務職員がチームとして連携・協働することにより地域密着型の学校事務の体制強化を図っていくことが「京都方式の学校間連携」として教育委員会より示されました。

試行実施は、事務研究会の研究部長と研究副部長が勤務する中学校区において行いました。当時、研究部長を務めていた私は中京区にある松原中学校に勤務しており、松原ブロックのリーダーとなり学校間連携の試行実施が始まりました。ブロックでどのような取組をするのかは、すべてブロックに任されていました。「京都方式の学校間連携」の趣旨を理解しつつも、具体的取組は、何も示されていないなか何をすべきか……。逆にいうと何でもできるということですが、一からすべてを考えていくことはとても難しいと思いました。なぜ難しいと思ったか、理由は次の3点です。

1点目、法的根拠や教育委員会からの通知等に基づき、所定の手順に従い業務を進めていくことは得手としていましたが、手順などが示されることなく自らで考えて展開していく業務をする経験がほとんどなかったからです。2点目は、子どもたちを地域一体となって育むことが望まれていることは理解しつつも、私は自分の学校のことしか知らず、広い視野を持って地域の学校の課題把握等はできていなかったからです。そして3点目、研究会での活動を通して事務職員と連携して研究を進めることはしていましたが、事務職員同士が協力して他校の業務にもかかわって取組を進めていく経験がなかったからです。

リーダーとしてどのような取組を進めていくか考える中、そもそも中学校区にある小学校がどのような特色を持ち教育活動を進めているのか、また、小学校の事務職員は、どのような事務室運営をしているのか、どのようなことを課題としているのか、自分は全く知らないことに気づきました。きっと、メンバーとなる小学校の事務職員も同じ思いでいるのではないか、まずは他校のことを知る、他の事務職員のことを知る、すなわち「互いを知る」ことから始めていく必要があると考えました。事務職員は、学校において一人職種です。どのように学校事務の業務を進めているのか、また、実務・実践を進めていくうえで管理職・教職員とのかかわり方等学校でのふるまいはどのような姿なのか、事務職員同士がその実態を見せ合うことがありませんでした。「互いを知る」ことを通して、自己のやり方しか知らない私たちにとって大切な学びの場となること、高め合うことにつながると考えました。本ブロックには、経験を積んだいわゆるベテラン事務職員及び経験年数の浅いいわゆる若手事務職員がいました。「互いを知る」ことによって、例えば、管理職や教員とのコミュニケーションの取り方や教員に学校予算について理解・関心を持ってもらうための工夫など、校内業務を円滑に進めていくうえでの学校事務職の経験値の共有も図れると考えました。

具体的にどのようにして「互いを知る」ことにつなげるのか、単なる意見交換だけでなく、実際に互いの業務を共有する中で、事務室運営や校内体制、課題として考えていること等を引き出すことができるのではないかと思いました。その方法の一つとして、権限が学校長に委任されている事務の相互点検に取り組むことを考えました。相互点検の内容は、校内体制のばらつき等が課題になっていて事務研究会の研究課題にも挙げられていた「就学援助事務」に関すること、適切に間違いなく認定されているのか、特に若手事務職員が実務に不安を感じていた扶養手当・住居手当・通勤手当のいわゆる「給与の三手当」に関することから始めることにしました。

また、各校の財務運営（予算計画・執行状況等）の共有を通して、他校の教育活動や地域とのかかわり等を知ることができればと思いました。予算はどのようなことに重点を置いて編成されているのか、執行では、例えば事業費予算（伝統文化体験事業費等）の内容から学校の取組や特色を知り、そこからより効果的な執行や提案ができないか考えました。

なお、学校間連携におけるブロック会議や取組を通して気づいたこと、学んだことはメンバーそれぞれが自校の学校運営に生かし、反映していけるよう、松原ブロックの連携の目標を「中学校区内の事務職員がチームとして学校間連携を図ることによる効果（若手事務職員の育成・学校事務の標準化・事務改善等）を各学校運営に生かしていく」としました。

松原ブロックでの具体的な取組（２０１４年度）は、次のとおりです。

(1)就学援助事務

ブロックリーダーが各校へ訪問し、当該校事務職員と点検（相互点検）を行う。

（各校の事務職員が認定事務を行い教員の事務負担軽減につなげることを視野に入れる）

(2)給与の三手当について

給与の三手当及び共済の検認（被扶養者資格審査）事務の点検を行う。

（若手事務職員が、さまざまな事例に携わることで給与・共済事務の理解を深めることを意識する）

（3）学校財務について

各校の予算計画・執行状況を共有し効果的な運用について学び合い、自校において実践につなげる。

なお、こうした目標や取組をメンバーに示すことは、リーダーの独りよがりとなっていないか、学校事務支援室に在籍している主事や、一緒に試行実施していたブロックリーダーとも相談しました。「互いに知ることを通して自身の業務を振り返ることにつながると考えたときに、特に一人職種で普段自身の業務を見せ合うことがない事務職員にとっては、この相互点検は有効である」との評価や、「メンバーが遠慮せずに自分の考えがいえるよう、まずはリーダーが率先してコミュニケーションの取りやすい雰囲気づくりを心がける」など、リーダーとしての基本姿勢などの助言も受けながら、本目的をメンバーへ提案しました。一から自らで考え提案する経験が乏しかった中、このような客観的なアドバイスや支援は大変心強かったです。また、「知ること」をきっかけとして目的・取組につなげることができたこと、そしてそのことが他者から認められたことは私自身の自信にもつながりました。

「互いを知る」ことから「ともに課題に向き合う」ことへ

京都市では、教職員の給与の三手当（扶養手当・住居手当・通勤手当）及び就学援助の認定権限は、学校長に委任されています。給与の三手当については、どの学校においても事務職員が実務を担っていますが、就学援助の認定事務については事務職員が担っている学校、教員が担っている等、校内体制などにより様々です。本ブロックにおいても「知る」ことを通して、その状況にあることがわかりました。

就学援助事務の相互点検を通して
～自信を持つことから始める～

就学援助事務に関して教員が認定事務を担っている学校へリーダーが出向き、事務職員は実務をどこまで理解しているのか等の、就学援助事務における校内体制を確認しました。認定事務に関しては、担当教員が担い事務職員は行っていない状況、校内体制については、交付事務は事務職員が担い、教員と就学援助対象者の名簿を共有しているといった状況がありました。また、事務職員の思いとしては、校務分掌上で位置づけがないこと、認定事務に自信がないことを含め自分から積極的にかかわっていくことは管理職にいえないとのことでした。

こうした課題の改善に向け、まずは、すでに校内で認定を終えた内容についてあらためてリーダーと当該校の事務職員で点検し、そこから各自の認定事務の理解を深め自信につなげてもらうこととしました。点検に際しては、世帯の所得や加算項目（ひとり親家庭の場合、基準額に23万円が加算できる等）の見方などを一つ一つ確認しながら実務を習得できるよう時間をかけて丁寧に点検を進めました。また、所得の見方等を各自がリーダーに説明することを通して自身の業務を振り返り、理解を深めるとともに点検の後半には自信をつけていく姿が見られました。

点検の結果、保護者へ返戻を求めるような事例はありませんでしたが、添付書類の不足をはじめ認定理由の誤りなどが見つかりました。担当の先生方は、日々授業などで多忙であり、また事務の専門ではないため、制度をはじめとして業務を一から正しく理解しながら所得の確認や添付書類の確認などをスムーズに進めることは難しい場合もあり、このような誤りが起こったものと思われます。一方、事務職員は給与事務を通して所得の見方や添付書類の意味を理解し、効率的に事務を進めることができます。事務職員が認定事務を行っている学校については、不備なく進められており校内体制も整っていました。こうした状況をブロック会議等で共有し、事務職員が実務を担うことで当該事務を適正かつ円滑に進められることをメンバー全員が実感しました。

またこの状況は、ブロック内の管理職とも共有し、事務職員が実務を担うことを中心に校内体制を整えていくことの重要性を確認しました。その結果、事務職員がこれまで自分から積極的にかかわっていくことを管理職にいえなかった学校においても、事務職員がかかわっていく体制へ移行していきました。その後、校務分掌上の位置づけをはじめ、事務職員が認定事務の実務を中心に担う校内体制が松原ブロック全校で整いました。

相互点検を通して～日頃の困りを相談できる信頼関係を築く～

給与の三手当の相互点検においても添付書類の不備を見つけた際には、不備の事実だけを伝えがちになりますが、なぜその書類が必要なのか、その意味を理解するように心がけました。

特にこの相互点検にあたっては、単に「指摘された」だけに終わらないようメンバー全員が指摘を気づきと捉えることに留意しました。またそのことが「発言しやすい」雰囲気、何でも相談できる場へとつながりました。日頃、校内において一人配置の事務職員は、困りがあった際に一人で抱え込んでしまうことも少なくありません。事務職員の困りが結果、学校の困りとなってしまわないためにも、こうしたブロックの取組を通してメンバー間でいつでも困りを相談できる信頼関係を築いていきました。

「学校財務」の取組を通して
～提案する事務職員を目指して～

毎月のブロック会議においては、学校財務の執行状況について情報交換を行いました。主に公金や預り金について、各校が考える課題や今後の見通し等を報告します。

ある日のブロック会議で若手事務職員から「自校の『学校経理の日』では、予算の執行状況などの報告が主となっています。提案する事務職員が求められているなか、皆さんはどのようなことを実践されていますか」との問いかけがありました。リーダー校の実践として、「例えば、今後の執行について優先順位の見直しの相談や、急遽必要となった物品額の提示と補正予算の提案など事務職員からみた課題や提案したい事項について相談している。その他、公金に限らず旅費の執行状況や就学援助事務の進捗状況の報告・確認を行い、進行についても事務職員が行ってい

写真5-1　「学校経理の日」の参観

る」ことを伝えました。若手事務職員から、実際にそれらを見てノウハウを学びたいとの意見があり「学校経理の日」を参観することを計画しました。リーダー校の管理職へ相談したところ即、快諾を得られました。それは、事務職員の個人的なお願いではなく、ブロック組織としての提案であることや、ブロック内の事務職員の育成の観点を踏まえた取組だと管理職にも理解いただいたからだと思います。

「学校経理の日」の参観【写真5-1】では、計画にない修繕箇所が発生したことでの予算計画の見直しの提案や、次回の職員会議で提示する学校祭に要する物品リストの確認等を行いました。参観を実施後、若手事務職員の報告では、「私にとって、先輩の実践を直接見ることは大変勉強になった。課題改善策の提案では見積額を提示しながら進めることは管理職が判断しやすいことや学校の取組に向けて必要物品の見通しを早い段階から確認されていることがわかった。『学校経理の日』を迎えるまでの準備が重要であることがわかり参考にしたいと思った。また、管理職の意向を十分に伺える時間であり、『学校経理の日』で協議したことは学校運営に生かさなければならないと思った。自校の実践につなげたい」とありました。その後、自校において「教員からの困りや要望の声を待つだけでなく、担任に働きかけ一緒に教室の安全点検を行うなど自ら課題把握に努めている」との報告がありました。主体的に実践につなげている様子をブロック会議で共有する中で、若手事務職員の成長を大変頼もしく思いました。このように、ベテラン事務職員の経験値から助言できること、若手事務職員の積極的な行動やアイディアの共有を図るなど、それぞれの持ち味を発揮し相乗効果を生み出すチームづくりを進めていきました。

さて、学校間連携の具体的取組は、以上のように、「互いを知る」ことによって、これまで見えていなかった事務職員としての課題、学校としての課題に気づくことができました。またそこから、校内体制や業務改善の見直しをはじめ、事務職員同士がいつでも困りを相談できる信頼関係を築きベテラン・若手それぞれの持ち味を発揮し互いの力量を高め合うことにつなげることができました。

そして、これらの実践を通して、一人では難しい課題・問題でも、ブロックメンバーとともに考え行動することで解決・改善できることがあることがわかりました。あわせて、これまで私は「自校がうまく回っていたら良し」の考えを持っていましたが、「ブロック校全体を高めたい」意識へと変わっていきました。

また一方、この意識をメンバー全員が必ずしも同じように思うことができない場合もあるということは理解しておく必要があります。自校ではうまく進められたことでも、もしかすると、学校事情で校内体制を確立するための相談の時間が取りづらかったり、本人も教職員への理解を図るために一歩踏み込んで進めることが得手でないのかもしれません。メンバー自身の性格や持ち味、学校の実情等を理解したうえで適切に助言をしていかなければならないことを、リーダーの経験を通して自身が得ることもできたと思います。

この学校間連携の試行実施を通して、一人ではこれまで考えもしていなかった様々な方策や改善が図れるなど、チームで進めていくことの可能性の広がりを感じました。

70人のブロックリーダー誕生、ともに切磋琢磨

学校事務に係る学校間連携の取組は、２０１５年度から幼・小・中学校を対象に24の中学校ブロックで開始し、２０１６年度から70ブロック（現在は69ブロック）全市展開となりました。

当初は、本格実施に向けて、松原ブロックをはじめ2中学校区の試行実施の実践報告を、学校事務支援室からの広報を通して全市の事務職員へ行い、前述のような取組の成果を共有しました。しかし、「松原中だからできたのではないか」といった声など、チームで取り組むことの意義が伝わりきらないことや、「ブロックで共同して事務を行うことは人減らしにつながるのではないか」との懸念を理由に、なかなか速やかな理解にはつながりませんでした。また、リーダーは補職名順に教育委員会から任命されますが、本来リーダーを担うべき学校運営主査は、ブロック数と同じだけの人数は在籍していません。メンバーの構成によっては若手事務職員が担う場合もあり、「なぜ私が」、「リーダーとして不安や負担感を感じる」、「ブロックで主体的に考えるよ

うにいわれても経験がない。具体を示してくれないと困る」などの意見がありました。どのようにリーダーの不安感や負担感を解消し、主体性を持ってもらえばいいかを試行実施校からの立場で伝えていきたいと思いました。

当時、私が研究部長をしていた事務研究会では、幹事会や研究大会等において学校間連携の在り方や具体的な取組内容、成果と課題をまとめ今後の展望等について報告を行いました。運営主体である学校事務支援室においては、学校（管理職）への説明や広報及び行政区単位で行う「エリア別（行政区）リーダー会議」を開催し、学校間連携の意図や意義を伝えるなど、事務研究会、教育委員会の双方が全市展開に向けた取組を進めていきました。

あわせて以下の目的を踏まえた「学校間連携ガイドライン」が発行され、「チーム制のねらいと事務機能」、「チームリーダーの役割」、「連携会議の運営」、「学校事務支援室との連携」が記載され、特にリーダーとしての姿勢や役割が明確に示されました。

学校間連携の目的

- 学校の教育活動を活性化させ、自校の教育力・経営力の向上を図る。
- 事務職員の標準職務の完遂と学校経営への参画を目指す。
- 学校の事務体制及び事務機能の充実を図る。
- 若手事務職員の育成（ＯＪＴ）を図る。
- 緊急時のサポート体制の確立を図る。

・教員（主に教頭）の事務負担の軽減を図る。

エリア別リーダー会議では、当初の意見にあったような不安感や負担感について、私は、自らが実践した「互いを知ること」、「ブロックとしての課題を考えること」から始めてみてはどうかと意見しました。例えば、就学援助率の高い地域のブロックでは就学援助の認定事務の相互点検から始めてみることや比較的若手事務職員が多いブロックでは年度始めの異動事務を終えた早い段階で給与の三手当の点検を行うと若手事務職員は安心できる等、試行での経験からの意見を伝えました。また、リーダーの負担感については、何でもかんでもリーダーが行わなくてもよいのではないか、例えば、松原ブロックでは「ブロック会議報告書」の作成はメンバー持ち回りで行っていること、リーダーとしては、ブロック会議でメンバーから意見を引き出せるような進行や会議は時間内で終えられるように段取りを意識していることなどを伝えました。

以降、各ブロックで会議等を重ねる中で学校間連携の趣旨や効果が徐々に浸透し、エリア別リーダー会議においても「取組をより効果的に運営するためにはどうすればよいか」、「管理職への理解にあたってどのようなことを行っているか」、「小学校勤務の新採事務職員が中学校業務を知るために中学校において1日ＯＪＴを受けてもよいか」等々、よりよく運営するためにどうすればよいのか、意見があがるようになっていきました。

学校間連携が全市展開されたばかりの1～2年は、多くのブロックリーダーがどのように進めていけばよいのか悩んでいたように思います。しかし、教育委員会から示されたことを一人で坦々とこなすのでなく、私が経験したようにチーム内のことを互いに知り主体的に考えることが、結果、自らの業務の振り返りや気づきにつながったものと考えます。さらには、保護者や教職員向けの案内文書を統一したり、預り金の保護者負担軽減に取り組むなど、ブロック内の業務改善にもつながる取組が展開されるようになっていきました。

また、２０１７年度は府費負担教職員の給与費事務移管に伴い、教職員庶務事務システムの導入がありました。かつては、研修以外でわからないことは教育委員会の関係各課に電話などで問合せするしか手段がありませんでした。しかし、こうした困りをはじめ、新たな制度理解やシステム操作の習得にあたって学校間連携を通した相互支援の体制ができていたことは、一人職種の事務職員にとってありがたく非常に助かったことと思います。

さらにこの年度は、夏に全国公立小中学校事務研究大会が、第1回以来、京都で開催されました。京都市の事務研究会は大会運営と分科会を担当し、京都市の事務職員総出で取組を進めていました。分科会では「京から発信！　つながる力・つながる心～京都方式の『学校間連携』と『地域とともにある学校づくり』～」をテーマに第1章で述べた実践の発表やこの間の学校間連携の取組について報告を行いました。そして、この年に改正された学校教育法「事務をつかさどる」にふれ、これからいかに事務職員が主体的に取り組んでいくべきかなどを、全国の参加者と協議を深めました。

学校間連携を通して事務職員が主体的に取組を進めていることや京都市の事務職員が一丸とな

って京都大会を運営したことは大きな自信にもつながりました。チームとして取り組むことの効果を実感し、さらなる実践へとつなげています。

学校事務職員だからこそできる！　さらなる実践・支援を目指して

第2章で述べられた事務研究会の「あゆみ」と研修制度は、私にとって事務職員としての在り方を豊かにしてくれました。当時の諸先輩方は、学校に事務職員がいることの意義を語り、当時から「事務をつかさどる」姿勢を見せ、私たちの育成にも励んでいただきました。

２０１８年度、私は学校事務支援主事（以降「支援主事」という）として、学校事務支援室学校事務支援担当にての勤務が始まり、現在は同担当の主任指導主事（以降「指導主事」という）として2年目を迎えます。学校事務支援室に赴任するまでは、前述の学校間連携の試行実施の他、第2章の研修指導員や学校事務支援指導員、第3章の京都市学校財務開発研究会のメンバーの経験をさせていただきました。私にとっては役割が広がることで視野も広げることができました。これらの経験は現在の職務に生かしていかなければならないと思っています。

学校事務支援担当の業務は、事務職員の研修企画立案・運営、学校間連携に関すること、学校の業務改善に関すること等があります。指導主事は、支援主事3名とともに業務を進め、それらを統括する立場になります。特に事務職員の資質向上の核となる研修は、事務職員の採用が再開されて以降、誰もが若手やリーダーの育成を担っていくことや組織（チーム）運営の観点を新たに取り入れ、受講者間でOJTを図ったりチームで講義の策定に取り組む研修を展開しています。ただし、事務職員としてあるべき姿の根幹はいつの時代でも重なり合うものがあると考えます。

現在の学校事務職員の研修、育成

現在の本市研修は、若手事務職員の研修を充実しつつ、中堅にあたるミドルリーダー、全市の事務職員を牽引していく立場となる学校運営主査(以降、主査という)の研修を実施しています。

特に、学校事務職員となり最初の3年間は、今後の礎となります。採用1~3年目研修では、当室で作成した「研修会ハンドブック」をもとに、事務職員のあるべき姿を踏まえた3年間で身につけるべき力の育成を重点において研修を進めています。

採用1年目は基本、当室が主催する研修の他、指導・育成者のいる学校へ複数配置となりOJTを受けます。その後、採用2年目以降は指導育成者のもとから基本、異動し一人配置となります。なお、日頃の業務の進捗についてはブロックにおいてリーダーが中心となりOJTを行います。また、採用1・2年目については、指導主事や支援主事が年に2回学校訪問し基本的事項の理解や業務の進捗確認、「学校経理の日」の開催状況等を確認します。

さらに、採用3年目は、これまでの業務の振り返りや理解の深化等を目的に、与えられた研修テーマについて、チームを組んで業務に関する基礎知識や実践事例をまとめ、採用1年目研修会にて講義を行います。講義を策定するまでの過程は、第2章で紹介のあった研修指導員(現在4名)が各チームの担当者となり助言等を行います。

以上のことを通して、3年間で事務職員としての基礎・基本の定着・確立を図っています。また、学校運営主査研修会では、教育課題、学校事務における全市的課題について協議等を行います。さらに、当該年度に昇任した新任の主査については、支援主事による訪問指導を行います。国の動向や全市的課題を踏まえ、主査としてのあるべき姿について考え、個別の行動目標を設定し共有するなど、リーダーとしての資質向上を図っています。

その他、採用1年目の事務職員を指導・育成する事務職員に対しては、毎年当室で作成した「指導・育成ガイドライン」をもとに、指導・育成の方針や指導者の役割などを示しています。また、会議（年に3回）や学校訪問（年2回）等を通して、指導者の力量を高めるとともに学校事務支援室、指導・育成者が思いを一つにして、双方で採用1年目の育成に努めています。

特に、様々な機会を通して「教育にかかわる事務は尊い仕事であり、そこに自分が携わっていることを実感していただきたい」ことを大事にしています。採用1年目も数年後には先輩事務職員になります。ブロックでの若手事務職員のOJTをはじめ、指導・育成者など将来の京都市の事務職員を牽引していく立場になっていただきたい、そのような思いを持って支援しています。

事務研究会との連携

事務研究会と教育委員会事務局は、長きにわたり学校事務の充実・発展に向けて様々な取組を協働してきました。この協働は、今も変わらず行っており、第6章で述べられる「学校事務標準化プロジェクト」においても指導主事や支援主事が教育委員会事務局の窓口となって密に連携し進めてきました。今後も事務研究会との協働を通して、それぞれの立場を踏まえて役割分担し、諸先輩方が築いてこられた取組を継承・発展していくことが、私たち教育委員会事務局に所属する事務職員にも課せられた使命だと認識しています。

結びに

「事務職員は、事務をつかさどる」。２０１７年４月、学校教育法の改正により事務職員の職務は見直されました。今後ますます、事務職員は、「学校組織における唯一の総務・財務等に通じる専門職」として、校務運営への参画を一層拡大し、より主体的・積極的に参画することが求められています。事務職員の校務運営への参画に向けては教職員との連携・協働を基本とした中、教育活動にリソースをつなぎ、人と人をつなぎ、教育環境の充実を図っていかなければなりません。

現在私は、指導主事という立場から学校訪問の際に「学校経理の日」の記録簿を見せていただく機会があります。「学校経理の日」の記録簿とは、その日に行った帳簿類の点検や執行状況の確認・協議などを記したもので、振り返っての確認や今後の執行などに役立てるものです。「学校経理の日」の記録簿を見ると、その学校の財務運営が適確に実施されているのか、されていないのかがわかります。学校訪問の際には、管理職に対して財務運営の充実をはじめ事務職員の育成の観点からも「学校経理の日」を実施いただきたいと伝えています。

学校財務を誰とも相談や協議をせず、事務職員だけで坦々と処理を進めてしまうことは、ＰＤ

CAサイクルを踏まえた財務運営など学校事務に求められる本来の効果が発揮されずに終わってしまいます。日頃、また定期的な管理職や教職員との連携・協議を通して、事務職員が調整力、傾聴する姿勢、企画・提案力等々、マネジメントしていくうえでのスキルを高め、そのことが、学校運営を円滑にし、教育環境の充実につながっていきます。

第1章は、こうしたつかさどる職として、今そして今後も事務職員に求められる姿を体現した実践事例だと考えます。「子どもの学びを広げる学校事務職員の挑戦」がどこの学校においても展開されるよう、今後も事務職員の育成と支援をしっかり図っていかなければなりません。また、第2章にあるように今ある課題の明確化とその先を見据え、学校・事務職員にとって今何が必要でそのために何をしなければならないのかの本質を見定めて環境づくりに努めていかなければなりません。そのために、指導主事をはじめ私たち教育委員会事務局に所属する学校事務職員は、第6章で示される「学校事務支援室の組織目標」に記載のように、その先導的役割を果たしていかなければなりません。

私たちは、「京都方式の学校間連携」の取組を通して、チームで課題と向き合い、主体的に物事を考え、行動する力を身につけ、一人だけではできない新たな可能性に挑む力も備わり始めました。これからも豊かな学校教育の実現に向け、学校事務職員だからこそできるさらなる実践に取り組んでいきます。

コラム　番外編

学校事務支援室 ホームページ

学校事務支援室のホームページには、業務に関連するお知らせや学校間連携・研修にかかる資料等、事務職員にかかわる情報が一元的に掲載されています。

「ここを見れば知りたい情報が手に入る！」というプラットフォームの役目を果たしてくれる、大変便利なツールとなっています。

※支援室ホームページは、京都市イントラネット内でのみ閲覧可

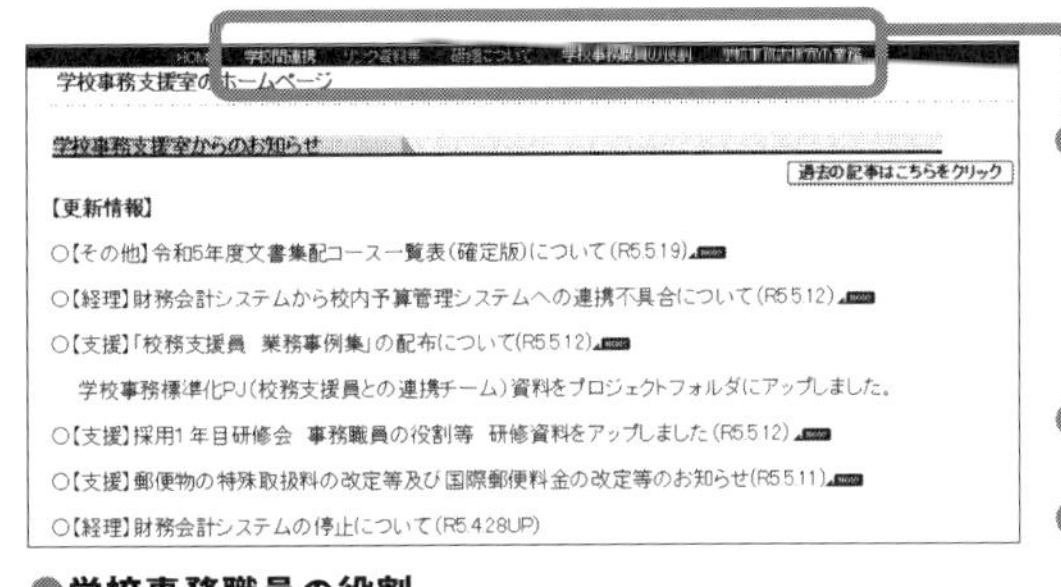
学校事務支援室のホームページ

学校事務支援室からのお知らせ

過去の記事はこちらをクリック

【更新情報】

○【その他】令和5年度文書集配コース一覧表（確定版）について（R5.5.19）

○【経理】財務会計システムから校内予算管理システムへの連携不具合について（R5.5.12）

○【支援】「校務支援員　業務事例集」の配布について（R5.5.12）

学校事務標準化PJ（校務支援員との連携チーム）資料をプロジェクトフォルダにアップしました。

○【支援】採用1年目研修会　事務職員の役割等　研修資料をアップしました（R5.5.12）

○【支援】郵便物の特殊取扱料の改定等及び国際郵便料金の改定等のお知らせ（R5.5.11）

○【経理】財務会計システムの停止について（R5.4.28UP）

●学校間連携
各種報告書の締切や、『学校事務の学校間連携ニュース』（バックナンバー含む）等を掲載

●リンク資料集
下図参照

●研修について
研修日程や内容を一覧で掲載（過去実施分も含む）

●学校事務職員の役割
『学校事務職員の役割と標準職務について（通知）』の内容を掲載

●学校事務支援室の業務
学校事務支援室の体制について掲載

資料集

資料集

支援担当　学校経理担当　給与担当　情報担当　教職員人事課　就学援助担当　体育健康教育室　福利厚生他

※リンク先が最新になっていない時は，学校事務支援担当(075-841-3505)までご連絡ください。

○支援担当（令和5年度学校事務支援主事の学校園担当一覧）

資料名（クリックすると開きます）	更新日	保存先
採用1・2・3年目事務職員研修会ハンドブック	令和5年4月	プロジェクトフォルダ
研修会資料集	令和5年1月	プロジェクトフォルダ
事務職員研修会　講義動画・資料 ※令和3年度　採用1年目事務職員研修「公金・物品・預り金会計」 開かない場合は先にここをクリック	令和2年5月	ポータルサイト
業務年間計画	令和5年4月	プロジェクトフォルダ
様式集（採用1〜3年目振り返りシート等）	令和5年4月	プロジェクトフォルダ
指導・育成ガイドライン	令和5年4月	プロジェクトフォルダ
様式集（現況シート，指導・育成シート）	令和5年4月	プロジェクトフォルダ
学校間連携ガイドライン	令和5年4月	プロジェクトフォルダ
令和5年度学校事務に係る学校間連携ブロックリーダー一覧	令和5年4月	ホームページ
ブロック会議報告書（提出分）	令和5年4月	プロジェクトフォルダ
様式集（学校間連携関係）	令和5年4月	プロジェクトフォルダ
学校間連携各種資料集	令和5年4月	プロジェクトフォルダ
ブロック会議運営資料	令和3年2月	プロジェクトフォルダ

■リンク資料集
学校事務支援担当
学校経理担当
給与担当
情報担当
教職員人事課
就学援助担当
体育健康教育室
福利厚生他

各担当課に関連する資料へリンクが貼られており、確認したい資料をすぐに入手することができます。

バタバタしていて資料を探す時間がないときも、ここに来ればすぐ見つけられるので、とっても助かっています！

どの資料がどの業務に関連しているかを把握することができ、採用から日が浅い事務職員も助かっています。

第6章

さらなる高みを目指す京都市の挑戦

京都市教育委員会事務局　総務部担当部長
兼　学校事務支援室長
有澤　重誠

第1章では、現在の京都市の学校事務職員の実践例とマネジメントモデルの提案を、第2章から第5章は、京都市の学校事務に係るこれまでの経緯や取組などを紹介してきました。

本章では、これまでの取組を踏まえて、現在（2020年度以降）、学校事務の標準化をはじめ京都市で重点的に進めている取組や、これから京都市の学校事務が目指すべき方向性について紹介します。

標準化を通して、事務職員や教員の困りを解消し、専門性の向上、さらなる学校経営参画を目指す

2010年度に学校事務職員の採用が再開されて、10年以上が経過しました。

この間、京都市では、新規採用者の育成など事務職員の資質向上等を図るため、学校事務支援室の設置や学校間連携の取組を展開し、主に組織体制の強化を図ってきました。

学校事務支援室は、第4章で紹介したように、2013年度より教育委員会事務局内に設置された、学校事務・学校事務職員を統括する部署です。事務職員が主に担当する業務を集約し、全市的な学校事務の執行状況の把握等を通して、適切かつ迅速な指導助言を行うとともに、若手職員を中心に研修を行いながら資質向上を図っています。

また、本市では、共同実施に代わる取組として、小中一貫教育の仕組みの中で事務職員を複数校で兼務させる中学校ブロック単位の「学校事務に係る学校間連携」を実施しています。第5章

で紹介した試行実施の取組を経て、2016年度から70ブロックで全市展開しています。事務職員はブロック内のすべての校園において兼務発令がなされ、標準職務[1]の完遂や学校経営への参画、学校の事務体制・機能の充実、若手事務職員の育成（OJT）、緊急時のサポート体制の確立、教員・管理職の事務負担軽減等を図るべく取組を進めています。

また一方、国においては、2017年4月に学校教育法が改正され、学校事務職員の職務が「事務に従事する」から「事務をつかさどる」とされるなど、その専門性を生かし、より主体的・積極的に学校経営に参画することが目指されることとなりました。

本市では、この間の組織体制の強化により、若手事務職員の育成や情報の共有化が一定図られている一方、上記法改正の趣旨である、専門性を生かし、より主体的・積極的に学校経営に参画するうえで、専門性のベースとなる学校事務職員がかかわる具体的業務、特に電算化されていない業務については、依然として事務職員個々の力量ややり方に委ねられている状況にありました。また、学校の長年の慣習や事務職員の個々の意欲によって、校内の事務分担や学校経営への参画の度合いが違っていることは、全市の学校事務の向上・発展が望めないだけでなく、事務職員が異動の際に業務のかかわり方に苦慮するなど働き方の観点も含め、事務職員の地位の確立・向上を阻害する要因にもなります。

このため、2010年に策定された標準職務を事務職員が一人ですべて行うことは現状困難と思われますが、事務職員の異動時の困りや戸惑いも鑑みて、校内での教員との役割分担・事務分担は一定、全市統一・標準化を図っていく必要があると考えます。また、教員との共通理解を図りながらこれら分担を標準化していくうえでも、各業務にかかる具体的な事務作業・事務手順の標準化は必要であると思います。

さらに、短期、中長期的な事務職員の将来展望や学校事務の方向性を具体的に示していくことも、事務職員のモチベーションの維持向上や学校経営への主体的・積極的な参画のうえで、必要なことです。

この間、本市の学校事務の在り方を探求し、専門的知識の啓培を目指して組織された事務研究会では、事務職員が学校になくてはならない存在として職の確立を図るために、教育委員会と連携を図りながら、「学校財務事務取扱要綱」案の作成などの研究が進められてきました。さらに、同研究会では、今般の法改正や2020年3月に京都市で策定した「学校・幼稚園における働き方改革」方針を踏まえて、学校事務の標準化・効率化を一層図るとともに、管理職のサポートや教職員との適切な役割分担のもと、事務職員が主体的・積極的に学校経営へ参画することが、教員の事務負担軽減につながるとともに、学校唯一の行政職員である事務職員が「つかさどる」職として職務を確立していくことにつながると考えられました。そして、こうした考えのもと、今後の学校事務の方向性を示すべく2021年度からスタートしたのが、新しい時代の標準的な学校事務の在り方についての実践研究「学校事務標準化プロジェクト」です。

具体的には、4つのテーマを掲げ、教育委員会関係各課と連携し、モデル校の実践研究を通して取組が展開されました。各テーマの目的・取組による主な成果などは以下（1）～（4）のとおりです。

また、連携機関である教育委員会においては、当室が中心となって関係各課と連携・調整し、取組の指導助言等を行うとともに、各種システム（文書処理システム・校内予算管理システム）の改修や、校長会・教頭会・教務主任会・教育委員会関係各課で構成し働き方改革に関する協議・検討を行う「時間外勤務縮減部会」等でプロジェクトに対する理解促進や意見集約を行っています。さらに、各種資料の監修などを行いながら、各研究の成果（提案）を各校園へ通知・周知するとともに、試行を通して学校現場への円滑な移行を図っています。この間の連携を通した取組の効果や、取組を通して事務職員が身につけるべき力について、当室で以下のとおり考察しました。

(1)文書事務

○目的

・文書事務を通した事務職員の学校運営への参画

・文書処理システムの効果的な活用による業務効率化

・教頭と事務職員との適切な役割分担による教頭の事務負担軽減

○取組による主な成果

・文書処理システムの改修（1クリックでセンターサーバに文書データを保存、1クリックで電子メールにて教職員に文書を送信）

・文書回答事務の手順書作成　　・文書共有フォルダの作成・運用

●効果

・文書処理システムの改修により文書主任である教頭の負担が改善される。
・事務手順やフォルダの校内での共有化を図ることで、文書の適切な管理が図られ、よりよい校内体制が構築されるとともに、年度の引継ぎなどが円滑に行えるようになり、結果として業務の効率化も図られる。
・事務職員にとっても、文書主任である教頭から文書が届く前に自らで入手し目を通すことで、見通しを持った業務の遂行、効率化が図れる。文書の精読、情報収集にもつながる。

●事務職員が身につけるべき力

・コミュニケーション力、文章力、読解力、発信力　など

(2)就学援助事務

○目的

・教員と事務職員の役割分担と連携の在り方の明確化
・教職員への就学援助制度の理解促進

○取組による主な成果

・教職員向けリーフレット作成　　・事務職員向けハンドブック作成
・就学援助ソフトの改良

●効果

・役割分担や連携の在り方を明確にすることで、事務の円滑化・適正化が図られる。

・事務職員の専門性が業務の理解の深化や省力化につながる。

●事務職員が身につけるべき力

・制度の正しい理解とより正確な事務遂行力　・コンプライアンス

(3)校内事務の標準化（公金会計）

○目的

・校内事務スタンダードの確立による業務効率化及び財務に関する円滑な校内体制の構築

○取組による主な成果

・執行計画書（予算要求書）様式の改訂及び予算要求提案文書ひな形の作成

・校内予算管理システムの改修　・校内予算管理ハンドブックの改訂（予定）

●効果

・事務職員・教職員ともに、異動時の戸惑いや双方のかかわりにあたっての負担解消になる。

・管理職や教員への説明や理解を図る事務職員の負担を軽減するとともに、効果的な予算執行、学校運営の向上を図ることにつながる。

・試行実施を通した意見交換等これまでの事務を見直すことで、今まで当たり前に行ってきた事務処理や制度の理解を深めることができる。

●事務職員が身につけるべき力

・事務や制度の理解の深化　　　　　・学校の教育活動の把握

・調整力、コミュニケーション力　・マネジメント力の向上　・マネジメント領域の拡大

（4）校務支援員との連携

○目的

・教員の多忙化解消に向けた校務支援員の有効活用

○取組による主な成果

・「校務支援員業務事例集」の作成

●効果

・管理職・教員の動向の把握が必要となるため、校内の全体的な視野が広がる。

・事務職員目線だけでなく教員等の目線で考え、管理職や教職員との連携を図っていくことを通し、調整力やコミュニケーション力の向上など、各自の力量を高めることにつながる。

・校務支援員とのかかわりをきっかけに事務職員の専門性を再認識（校務支援員との違い）できる。

●事務職員が身につけるべき力

・学校の教育活動の把握　　　　・コミュニケーション力、調整力の向上

長年、事務研究会では〝事務職員〟を主眼に研究されてきましたが、本プロジェクトは、事務

職員に焦点化した取組ではありません。主眼は〝事務職員〟だけでなく、〝教員にとっても〟です。すなわち教員目線で考えていくことを重視されています。また、校内の文書事務を整理する、校務支援員との円滑な連携を図っていくなど、事務職員が主担当となり進める業務だけでなく、学校事務全体の課題を捉えて研究・提案が行われています。

研究会の各チームにおいては、長年事務に従事されてきた方や、自分で創意工夫しながら事務改善されてきた方など、同じ立場である事務職員の様々な意見をまとめて集約し標準化していくという、大変難しいテーマに挑戦されご苦労されたことと思います。しかし、今回のプロジェクトでは、個人に委ねられがちな事務職員の仕事のやり方に一石を投じるとともに、事務職員が捉えるべき学校事務の概念を変えていくという、これまでにない着眼点でアプローチし新たな方向性が示されました。まさに、新しい時代の学校事務に向かっての大きな一歩を踏み出されたと思います。また、こうした研究取組に対する姿勢は、「つかさどる職」として位置づけられたすべての学校事務職員に求められる姿ではないかと思います。

学校間連携を通して、事務職員や教員の困りを解消し、専門性の向上、さらなる学校経営参画を目指す

～平準化を図る～

本市の学校間連携は、約7年前の2016年度から全校で展開されています。連携の目的や運

用等については、第5章で紹介したとおりですが、この間、各ブロックの取組のもととなる計画立案はブロックに委ねてきました。このことで、各ブロックの実情に応じて柔軟に考えていくことができる一方、結果としてブロックの構成員の経験年数等によって、取組に差異が生じることにもなりました。また、各ブロックの実情に応じた取組よりも、実態は、多くのブロックが全市的で今日的な課題など共通したテーマで取り組まれていました。

こうした状況を踏まえ、2021年度からは、当室から全市的で今日的な課題を踏まえた推進取組を具体的に提示することとしました。このことで、各ブロックも計画立案がしやすくなり、ブロック間格差の解消につながりました。

～困りの解消や、より実のあるものに～

また、連携の在り方についても、ICTを活用した改善を図っています。各ブロックにおいては、三半期に一度、毎月の取組の報告を当室へ提出するため、具体的な案件がなくとも会議を開催することが必要との受け止めが少なからずありました。一方、教育委員会各課から随時発出する通知等に関して、変更点をはじめ通知内容の意図するところの理解等に個人差があることが課題でした。

そこで、今般のGIGAスクール構想の推進により、機器類やネットワーク環境が向上し、各校でのオンラインでの会議が日常化する中、学校間連携は月1回の開催でなくとも、日常的にチャットを活用する、あるいは、ブロック会議も週1回30分程度のオンライン会議でも可とするといった柔軟な運用に見直しました。これにより、会議場所（他校）までの往復時間の削減や、通知の理解をはじめとした日々の困りごと等もブロックでより気軽に相談できるようになりました。

なお、学校間連携の取組は、学校事務職員の資質向上だけではなく、業務の正しい理解や業務改善などを通して、各校の取組に還元されることが重要です。昨年度は小中学校の教頭会の全支部で財務研修を実施しましたが、研修を通して、事務に精通していない教頭先生方の理解をどう深めていくのかも当室の大変重要なミッションであることをあらためて実感しました。管理職の理解を図っていくうえで、「学校経理の日」の実施を通して財務運営等を確実に推進することの重要性も通知等を通して強調しています。

～今日的課題に取り組む～

また、今日的な課題として、ＧＩＧＡスクール関係の管理運営を推進取組として掲げています。端末の貸出や転出入の際の入換えに関する手続きや、ウェブカメラやタッチペンなど、これまで整備された物品の財産管理・運用は取組のベースとなる重要なものです。また、感染症対策予算なども活用しての必要な物品の購入など、校内予算の管理運用も必要となります。このような財産や予算等の管理運営にあたっては、財務事務担当者である事務職員が専門性を生かすことで、効果的・効率的に行うことができます。

このため、学校間連携の取組においても、ブロック内の効果的なかかわり方や取組を情報共有し、各校において積極的かつ柔軟な対応を図ることを推奨しています。なお、情報共有については、当室にて発刊している学校事務の学校間連携ニュース【図表6-1】でも紹介し、各ブロックの取組の一助として活用されています。

～標準化から自らの力量の向上につなげる～

前述で標準化の取組について紹介しましたが、学校間連携においても、学校運営の向上や働き方改革等の視点を念頭において、標準化をブロック単位でも積極的に進めることを推進しています。

とりわけ学校事務の標準化は、事務の効率化・負担軽減の観点をはじめ、業務改善を通して各々の事務職員の力量を高め合うとともに、よりよい校内体制の構築及び学校運営の向上に資する取組である、という趣旨を踏まえて進めていくことを各ブロックに求めています。

例えば、前述の学校事務標準化プロジェクトの考察に記載の効果のように、様式等を統一することで事務職員にとっても異動時の戸惑いや教職員とのかかわりにあたって負担が解消されます。また、旅費や公費の事務の標準化においては、全市を対象とした試行実施を通して標準化の検討を進めています。試行にあたっては、ブロック内での意見交換を通してこれまでの事務を見直すことで、今まで当たり前に行ってきた事務処理や制度の理解を深めることができます。

さらに、標準化の実現には、事務職員目線だけでなく教員等の目線で考え、管理職や教職員との連携を図っていくことも重要になります。他者の目線に立って考えることや、様々な教職員との連携を通して、視野を広げる、コミュニケーション力を向上させる、さらなる学校経営参画が図れるなど、結果として、各自の力量を高めていくことにつながっていきます。

学校事務の学校間連携ニュース　第31号

発行日:令和4年12月1日　発行元:学校事務支援室（841−3505）

今年度の学校間連携の取組について紹介します

７月～１０月にかけて、全てのブロックを対象に担当支援主事による訪問（オンライン実施含む）を実施いたしました。今号では、この間のブロック訪問や前期のブロック会議報告書から、**今年度の推進取組における各ブロックでの実践例をご紹介します**。今後の取組の参考にしてください。

※　なお、ブロック訪問でいただいた主なご質問については、後日一覧にしてプロジェクトフォルダに掲載予定です。事務支援室ホームページを通じてお知らせします。

①　連携の在り方

▸ Teams チャットを活用した連絡・相談

Teams 上で業務日誌を作成して進捗状況を共有し、不明点があればチャットを利用して相談しあった。

▸ 教職員向け資料をブロックで作成・共有

９月の教職員庶務事務システムの機能改修で、教職員本人による給与明細等の閲覧・印刷等が可能になったことについて、教職員向け資料をブロックで作成し、各校で活用したことが教職員の操作につながった。

▸ 10 月～公立学校共済組合員資格拡大について、対象者をブロックで確認

臨時的任用職員の職名ごとに対応が異なるため、対象者に誤りがないかブロックで確認しながら、教職員本人への案内や事務手続を進めた。

～ブロックからの声～

（チャット機能を利用することで）１人勤務でありながら複数で仕事を行っているような感覚があり、大変心強い。

日々の通知文についての疑問点や事務処理方法等を、より密にブロック会議や電話等で相談しあうことで、ブロック内での共通理解が深まり、円滑に業務が進んでいる。

②　相互点検（三手当・就学援助認定事務）

▸ 手引の確認だけでは処理できない事例についてはブロックで相談してから認定

手引きなどに記載のない事例について、普段から相談・確認をして、認定する体制とした。

▸ 就学援助の相互点検動画を視聴

ブロック会議で動画を視聴し、話し合うことで、より効果的・効率的に、理解を深められた。

▸ 就学援助の入学前新規申込書の記入例をブロックで共有

小中統一の記入例を申込書に同封し、保護者の記入に関する困り及び受付する学校側の説明負担を軽減できた。

▸ 就学援助特別認定の小中の窓口を一本化

窓口の一本化により、兄弟姉妹でそれぞれに手続をしなければならない保護者の負担を軽減できた。

図表６-１　「学校事務の学校間連携ニュース」

このように、標準化の目的を理解し、管理職等と連携して標準化の取組を積極的に推進することを通して、学校事務をつかさどる職として事務職員の個々の力量の向上等につなげています。

学校事務、学校事務職員のための「学校事務支援室」と実感してもらうために

京都市では、毎年各所属において、所属職員の1年間の業務目標のもととなる組織目標を設定することが定められています。私は、２０２０年度から教育委員会事務局総務部学校事務支援室の室長として勤務しています。当室が組織力を高め、職員一人一人がやりがいを持って働くことができる職場を目指すとともに、そのことが結果として学校現場に貢献することにつながっていけばとの思い・願いを込めて、日々の業務で気づいたことや感じたことも盛り込んだ組織目標を作成し、年度当初に当室職員に提示しています。

特に組織目標のなかでは、情報化、文書・財務・給与事務、学校事務職員を統括する当室の責務として、「学校事務、学校事務職員のための『学校事務支援室』として学校現場や教育委員会各課に実感してもらえるよう、親身に、タイムリーかつ効果的に支援する」ことをスローガンに掲げています。加えて、学校現場の状況をしっかり踏まえることや、単なる支援にとどまらず、学校現場を適切で望ましい方向へ導いていくための指導助言を行うことが統括の責務であるとしています。各業務にかかる問合せについては、学校も具体的にどうしたらいいのかの判断に迷うからこそ、当室に相談されているものと思います。単に話を聞くだけではなく、どうしたらよい

か、その具体策まで示唆、助言することを職員には求めています。

また、本組織目標では、当該年度の重点取組とあわせて、取組実現に向けた行動目標を6点掲げています。

1点目は、「学校の主体性を生かすための先導的役割の発揮」です。当室は、本市学校・幼稚園の事務部門の統括責任者としての誇りと自覚を持って、1年先、5年先、10年先といった短期・中長期的なビジョンを示すといった先導的な役割を果たしていくことと、具体性を持って行動・実践していくことを掲げています。

2点目は、「不断の業務改善と、正確・迅速な事務等の執行」です。例えば通知文作成の際、昨年度と通知内容が変わらなければ「変わらない」ことを明記することの徹底を職員にお願いしています。「変わらない」ことを記載するためには、すべてにしっかり目を通さないと「変わらない」ことの記載ができません。このことは、正確な業務遂行にもつながるものだと思います。日々の業務遂行が、業務改善であるという認識のもと業務を進めています。

なお、学校とのかかわりで特に通知文は重要であり、内容が確実に理解されることや収受する文書主任（教頭）や事務職員の負担軽減を考慮することが必要です。このため、締切期日は少なくとも文書発出から2週間以上の余裕をもたせて設定する、また文書も1ページ目を見れば概略が一目でわかる、文字数を極力減らして端的に記載するなど、通知の受け取り手の立場に立って作成することを意識づけています。

3点目は、「効率化や見直しを通じた質の高い業務遂行と超過勤務時間の縮減」です。例えば、会議や打合せの時間には限りがあり、その時間分のコストを要するものです。目的や決めるべき事由を会議の冒頭に明示し、30分、1時間、2時間と決められた時間内で効率よく意識して進めることや、研修会や学校への訪問にあたっては、会場へ行く往復の時間や旅費もかかることから、可能なものはオンラインで行うことも求めています。

4点目は、「関係業者との十分な連携と利害関係者との適切な関係の保持」です。当室も、様々な利害関係者とのかかわりが多くあるため、適切な関係の保持について十分留意することを徹底しています。

5点目は、「『報・連・相』の徹底、見通しを持った業務の遂行」です。かかわる担当者やその上司が異なることをいっている状況が起こらないよう、室の方向性・見解の一本化を図るためや、報告の時期によって必要な対応が遅きに失してしまうことのないよう、「報・連・相」の徹底をお願いしています。多角的な検討、迅速・確実な判断をはじめ、相談・協議の時間確保を意識することが、見通しを持った業務の遂行についてもつながっていくことをあわせて伝えています。

最後に6点目、「室内業務の相互理解と円滑な連携」です。当室は、担当が4つに分かれ50人以上が在籍しています。連携にあたっては、相手側から聞いていない、知らされていないということだけではなく、こちら側から〝知ろうとする〟意識をもつことの大切さを伝えています。また、日々の連絡事項に関して各担当から報告する、朝のショートミーティングを行っています。

始業開始の数分間、出勤した職員の時間を拘束することや、会議等が減少している昨今の働き方改革と逆行するのではとの懸念もありましたが、報告を端的に手短に行うことで、室内連携の有効な場として活用されています。こうした取組を通して、相互理解、円滑な連携を進めています。

組織目標の概要は以上ですが、この目標が学校現場の貢献につながっているのか確認するため、当室の支援主事とともに自らで学校訪問を行うこともあります。訪問を通して、現在進めている施策の理解・受止めや当室の日々の対応、さらには学校事務の困りや課題など、学校現場の事務職員の生の声・意見を聞き取ります。訪問前から把握していた事柄もありますが、中には、新たな気づきもあり、毎回訪問することの意義を感じています。また、そこで得た課題は、早速室内で共有し、改善を図り、学校現場へフィードバックしています。例えば、旅費事務の標準的様式の見直しや、これまで事務職員が印刷し教職員に配布していた給料明細を教職員が自ら印刷できるシステムへの改修、各種通知にあたって、重要な事項や変更点などの補足説明を学校間連携のブロックリーダーを介して事務職員に伝えるなどの取組を行ってきました。

この間の訪問を通して、特に印象に残っているのが、それぞれの事務職員がやりがいを持って取り組んでいる姿、一人職種としての悩み・困りを抱えながら奮闘している姿です。

こうした姿に応えていくために、現在も日々、取組の質の向上をはじめ、スローガンにある学校事務、学校事務職員のため、親身でタイムリーかつ効果的な支援に職員一丸となって取り組んでいます。

さらなる高みを目指して――京都市が目指す学校事務職員の姿

ここまで、各校の事務職員が、「つかさどる」職として、専門性を生かしより主体的・積極的に学校経営に参画していくことを目指して進めている現在の本市取組について紹介してきました。

そのもととなる事務職員のあるべき姿は、公のために働く誇りと使命感を持ち、保護者・地域からの信頼に応えることです。そしてそのために事務職員は、校長の学校経営方針やビジョンを踏まえ、学校組織の一員として互いに尊重し合い、いかに学校に貢献するかを考えながら職務に取り組み、そしてそれらを果たすことで学校に必要とされ、唯一の行政職として学校を支える存在となります。とりわけ、学校には様々な職種の方がいる中、他職を理解することや、その方々の考えや意見をしっかりと聞いたうえで自身の考えを伝えるなど、互いを尊重し合う関係性を持って、職務に取り組むことが必要であると考えます。

2023年度の学校間連携の在り方にあたっても、「物事を前向きに捉え、互いを尊重し、互いに高め合う」ことをスローガンに掲げています。ブロック内のメンバー全員が向上心や互いを尊重し高め合う姿勢を持って取り組むことが、互いに好影響を与え、取組や個々の力量向上に相乗効果を生み、ひいては学校の円滑な事務運営や教育力・経営力の向上につながります。教育という未来を担う人財を育んでいく崇高な営みにかかわることに誇りを持つとともに、互いを尊重するなど教職員としてあるべき姿を自覚し行動することが、当たり前ではありますが、この間様々な取組を進めてきた中で感じた、特に重要なことだと私は思います。

また、学校に必要とされる唯一の行政職として学校を支える存在となるために、本市に採用された事務職員に対し、特に大事にしてほしい以下の三つのことを伝えています。

一つ目が、学校事務は学校教育の中にあり、目の前の子どもたちのために仕事をしている、間接的ではあるが子どもたちの成長や喜びに自分たちの仕事が結びついていることです。教育にかかわる尊い仕事に携わっていることを実感する、そのためには事務室にこもらず、子どもたちの姿をみて、事務職員として、「何ができるか」を考える。そのことを意識し、行動することが、積極的に学校運営へ参画していく事務職員へと成長していくことであると伝えています。

二つ目が、行政職としての資質及び力量を高め、問題解決できる力を身につけることです。通知文・手引等に沿って、法的根拠を正しく理解し適正に事務を進めていくにあたり、なぜそのように進めていくのか、物事の本質を的確に把握し理解したうえで事務を進める、行動していく、そのことが、柔軟でしなやかに、謙虚に、臨機応変に対応できる事務職員のあるべき姿につながっていくものと考えます。

三つ目が、学校事務職員としてのコミュニケーション能力の向上です。事務職員は、学校の事務を一定の責任をもって自己の担任事項として進めていきますが、すべて事務職員ひとりだけでできることではありません。子どもたちにとって効果あるものにしていくためには、管理職・教員等とのコミュニケーションが必要になってきます。あわせて、事務職員も質の高い学校事務を遂行するためには、教育を学ぶ姿勢も必要です。教職員から学ぶ、教職員のことを知る、そのためにもコミュニケーションが必要となってきます。例えば、管理職や教職員のつぶやきを拾ってみる。「こんなことができたらなぁ」という声があれば、「どんなことですか？」と詳しく聞いてみる。「計画にない、予算がない」の一言で終わらず、「こういう方法も考えられると思うのですがどうですか」など、教職員の思いを聞き取って一緒に考えてみる。これも大切なコミュニケーションです。

以上のことは、今後、ＡＩなどで事務職員の仕事のあり様が変化したとしても、〝学校〟事務職員として存在していくために、持ち続けていくべき姿、行動だと考えます。

結びに

本市でも定年退職の年齢が引き上げられ、退職までの勤続年数が増えることとなりました。18歳で採用されると、47年間、約半世紀にわたって勤務することになります。長きにわたってモチベーションを維持・向上していくためには、キャリアに応じた職位の変化や、その時代にあわせて今ある取組を見直し、短期的・中長期的なビジョンを示すこと、場合によっては新たなビジョンを示し導いていくことも必要なことだと考えます。

現在、本市教育委員会事務局には、学校事務支援室をはじめ、就学援助事務などを所管する調査課や、学校施設整備を所管する教育環境整備室にも学校事務職員が配置されるなど、積極的な人事交流を行っています。この交流は、学校現場の実態に即した的確な施策を講じるとともに、事務局での経験を生かして全市的視野に立った業務改善や新たな方向性へ事務職員を導くなど将来を見据えた人材育成を図ることを目的としています。

2020年7月の文部科学省通知「事務職員の標準的な職務の明確化に係る学校管理規則参考例等の送付について」の中で、校務の中で主として事務職員が担う職務内容とともに、学校の教育目標の実現に向けて子どもや地域の実態を踏まえて教育課程を編成・実施・評価し、改善を計画的・組織的に条件整備する「カリキュラム・マネジメント」の推進に必要な人的・物的資源の調整・調達など、他の教職員との連携・分担のもと、積極的に参画する職務内容が示されました。

このように「つかさどる」職として一層の参画が求められる中、上記人事交流の活用や前述の学校事務研究会での研究実践などを通して、学校事務職員が主体となって様々な可能性を広げ、時代が変化しようとも学校現場になくてはならない存在であり続けられるよう、自分たちの仕事に誇りとやりがいを実感できる事務職員の姿を、互いに尊重し協力し合いながら築いていってほしいと切に願います。そして、私たち教育委員会はこのあるべき事務職員の姿の実現に向け、今後も変わらず支援を続けていきたいと思います。

学校事務が懸け橋となって子どもたちの成長や喜びの生まれる学校づくり、「より良き学校教育は、より良き学校事務から」をともに目指して。

(1) 2010年度の採用再開を踏まえ、2010年3月に「学校事務職員の役割と標準職務」を制定。

京都市の近年の学校事務にかかる取組状況

※主に2004年度以降の取組を列挙

2004年度（平成16）	合算執行事業の拡大（総額裁量予算制度の導入）、費日調整の運用開始、学校財務事務取扱要綱の制定（05年4月施行）、「契約事務の流れ」、「予算委員会」、「学校経理の日」ガイドラインの策定、財務会計システムの導入研修、就学援助事務の電算化、就学援助認定校長へ委譲（学校長認定）
2005年度（平成17）	財務会計システムの稼動
2006年度（平成18）	教職員人事給与システムの導入研修及び稼動、市費負担教職員給与三手当認定校長・事務長へ委譲（学校長・事務長認定）、新教育システム開発プログラム事業「全国学校財務開発研究会」の発足、京都市学校財務開発研究会の設置
2007年度（平成19）	学校財務マネジメントパンフレット「学校経営のための発想」の配布、学校財務ライブラリー（学校財務のホームページ）の開設、学校物品有効活用システムの設置・運用開始、学校予算キャリー制度、みやこ学校エコマイレージの運用開始、学校事務職員表彰（学校職員教育貢献表彰）の実施開始、事務効率化プロジェクトの開始（15年度からは「学校現場の業務改善プロジェクト」）
2008年度（平成20）	学校預り金システム試行校（31校・園）での試行実施、学校預り金システムの導入研修、学校園預り金ハンドブックの配布
2009年度（平成21）	学校預り金システムの稼動、学校事務支援指導員制度の設立、総務事務効率化の一環として、経費支出に関する権限を学校長移譲、「学校経理の日」管理職マニュアルの配布、財務会計電子決裁システムの導入研修、

2010年度（平成22）	「事務職員の役割と標準職務について（通知）」制定（10年4月施行） 新規事務職員採用（16年ぶりの採用）、採用1年目研修の実施、財務会計電子決裁システムの稼動、校内予算管理システムの開発と導入研修、校内予算管理ハンドブック「教職員のための校内予算管理パンフレット」の配布
2011年度（平成23）	校内予算管理システム（公金会計の管理）の稼働
2012年度（平成24）	校内予算管理システムにおける預り金会計との連携運用開始（公金・預り金会計の一元管理）
2013年度（平成25）	学校事務支援室の発足（教育委員会事務局の組織再編）、指導主事に加え、あらたに学校事務支援主事を設置、指導・育成ガイドラインの配布
2014年度（平成26）	学校間連携（中学校区単位）による学校事務体制の確立に向けて学校事務研究会と協力した衣笠中、松原中での試行実施の開始、採用1・2・3年目研修会ハンドブックの配布
2015年度（平成27）	学校間連携（中学校区単位）24のブロックで実施、学校間連携ガイドラインの配布、学校事務支援担当HPの設置
2016年度（平成28）	学校事務に係る学校（園）間連携の取組が全中学校70ブロックで実施、学校事務支援室内に給与事務センターを設置（手当・旅費の審査等の外部委託）
2017年度（平成29）	学校事務職員の標準職務遂行能力の制定、府費教職員の給与費事務移管、教職員互助組合の統合、教職員庶務事務システムの稼働、第49回全国公立小中学校事務研究大会（京都大会）の開催、学校現場の業務改善プロジェクト「時間外勤務縮減部会」の設置
2018年度（平成30）	校務支援員の配置開始
2019年度（令和元）	教職員庶務事務システムの改修（互助組合年末控除のペーパレス化等）

2020年度（令和2）	学校事務支援担当HPのリニューアル
2021年度（令和3）	学校間連携推進取組を開始、学校事務研究会主催「学校事務標準化プロジェクト」の開始
2022年度（令和4）	文書処理システムの改修（03年から稼働）、文書回答事務の手順書作成と文書共有フォルダの作成・運用開始、教職員庶務事務システムの改修（給与明細の個人別出力・画面配信）、公費執行計画書（予算要求書）様式改訂案等【標準化】の試行実施開始、就学援助事務の標準化定着に向けた校内での適切な役割分担の試行実施開始（教職員向けリーフレット、事務職員向けハンドブック等の配布）、校内予算管理システムの改修、「学校事務標準化プロジェクト」の提言
2023年度（令和5）	旅行命令簿の簡易様式の標準化、校務支援員業務事例集の配布

参考文献・資料

・天笠茂（2013）『カリキュラムを基盤とする学校経営』ぎょうせい
・田村学編著（2017）『カリキュラム・マネジメント入門―「深い学び」の授業デザイン。学びをつなぐ7つのミッション。』東洋館出版社（2017）
・藤原文雄（2011）『「学びの環境デザイナー」としての学校事務職員』学事出版
・藤原文雄（2018）『スクールリーダーのための教育政策入門』学事出版
・藤原文雄（2020）『スクールビジネスリーダーシップ研修テキスト1　スクールビジネスリーダーシップ　教育的素養を有した「リソースマネジャー」としての学校事務職員』学事出版
・藤原文雄・谷　明美・福嶋尚子・吉村由巳編著（2022）『スクールビジネスリーダーシップ研修テキスト3　カリキュラム・学校財務マネジメント　児童生徒の学びの質を高める学校事務職員』学事出版
・照屋翔大（2022）「持続可能な学校づくりのヒューマンリソース・マネジメント―「社会に開かれた教育課程」の実現に向けて―」第28回全事研セミナー
・京都市立事務研究会「平成10年度研究の歩み　創立50周年記念誌」
・京都市立学校事務研究会「創立60周年記念誌　平成20年度研究大会資料集」
・京都市立学校事務研究会「創立70周年記念誌　平成30年度研究大会資料」
・京都市立学校事務研究会「令和4年度事務研要覧」（京都市立学校事務研究会ホームページ）

執筆者一覧

増田真由美（ますだ・まゆみ）……第1章・コラム

京都市立上賀茂小学校・学校運営主査。

1975年、静岡県生まれ。学習塾、大学勤務等を経て2013年度より京都市の学校事務職員として勤務。著書『スクールビジネスプロジェクト学習』（共編著、学事出版、2021年）。子どもも大人も幸せな学校づくりを目指し、日々奮闘中。仕事のポリシーは、「有言実行」。

小槇博美（こまき・ひろみ）……第2章

元京都市教育委員会事務局・指導主事。

2020年3月、京都市立呉竹総合支援学校を退職。以後、現在NPO法人「無門社」副理事長、法人事業である就労継続支援施設「協働ホーム」施設長、京都市高齢者配食サービス「浅川亭」管理者として、障がい者や高齢者の福祉サービスの向上に取り組んでいる。

有澤重誠（ありさわ・しげなり）……第3章・第6章

京都市教育委員会事務局総務部担当部長 兼 学校事務支援室長。

1971年生まれ。教育委員会事務局に採用後、ALT配置事業や中学生の職場体験事業、学校給食における和食の検討会議等、教育にかかる事業立上げや運営にかかわる。2020年度から現職、GIGAスクール構想や働き方改革等を担当。仕事のモットーは「創造力」と「実現力」。

川井勝博（かわい・かつひろ）……第4章

京都市教育委員会事務局学校事務支援室・参与。元総務部担当部長 兼 学校事務支援室長。

1959年1月生まれ。教育委員会事務局で主に学校財務の改革、小規模校の統合や教員の働き方改革を担当し、2019年3月退職、現職に至る。座右の銘は「未完成であること」。常に変化することで仕事や趣味における自身のモチベーションを高めている。

水口真弓（みずぐち・まゆみ）……第5章

京都市教育委員会事務局学校事務支援室・主任指導主事。

1970年生まれ。1991年度、学校事務職員として採用。著書として『学校財務改革をめざした実践事例』（共著、学事出版、2014年）『貧困・障がい・国籍 教育のインクルーシブ化に学校はどう備えるか』（共著、学事出版、2020年）。仕事のポリシーは、「見る・聞く・知る・学ぶ」。

京都市発！ 子どもの学びを広げる事務職員の挑戦
――学校事務改革からはじまるカリキュラム・マネジメント

2023年8月26日　初版第1刷発行

編著者　有澤重誠・増田真由美・水口真弓
著　者　小槇博美・川井勝博
発行者　安部英行
発行所　学事出版株式会社
〒101-0051　東京都千代田区神田神保町1-2-5
電　話　03-3518-9655
HPアドレス　https://www.gakuji.co.jp

編集担当　若染雄太
装　丁　松井里美
組　版　研友社印刷株式会社
印刷・製本　研友社印刷株式会社

ISBN978-4-7619-2953-4　C3037　Printed in Japan